現代語訳

御書とともに

1

創価学会
女子部教学室編

はじめに

本年は、戸田先生、池田先生が心血《しんけつ》を注《そそ》がれて完成《かんせい》した創価学会版『日蓮大聖人御書全集』発刊からちょうど五十年――。立宗《りっしゅう》七百五十年の佳節《かせつ》を刻《きざ》むこのときに、女子部教学室編『現代語訳　御書とともに』第一巻が発刊される運《はこ》びとなりました。

女子部教学室が「大白蓮華」に連載《れんさい》を開始したのは一九九七年二月号からです。活字離《かつじばな》れが叫《さけ》ばれ、古文が不得手《ふえて》になりつつある現代人にとって、「御書がもっと分《わ》かりやすく読めるように」との願《ねが》いを込《こ》め、現在まで三十三編の現代語訳に取り組んできました。

現代語訳にあたって心掛《こころが》けたことは、日蓮大聖人の御確信《ごかくしん》と広布への大情熱《だいじょうねつ》、また、法門の深い展開《てんかい》や門下《もんか》を思う心遣《こころづか》いを、どこまで現代文で再現《さいげん》できるかという点でした。皆で討議《とうぎ》を深めるなかで、どうすれば「正確《せいかく》」に、また現代人にとって「分かりやすく」大聖人の御真意《ごしんい》を伝《つた》えていくことができるか、日々、格闘《かくとう》の連続《れんぞく》でした。御文《ごもん》の一言一句を丁寧《ていねい》に拝《はい》し、調《しら》べれば調べるほど、ある時は巧《たく》みな譬喩《ひゆ》を駆使《くし》しながら、〝これほどまでに〟と思うほど、どこまでも門下の心情を大切にされてお手紙を認《したた》められた大聖人の大慈《だいじ》悲《ひ》が伝《つた》わってきました。そのような感動《かんどう》に、私たち自身の心が揺《ゆ》さぶられ、なんとしても、この大聖人の御心を現代文で表現していきたいとの意欲《いよく》が新《あら》たに生まれてきました。

そうしたなか、昨年、池田先生はスピーチの中で「甚深《じんしん》の御文《ごもん》が、わかりやすく、正確《せいかく》に、現代語になされていくことは、どんなに尊《とうと》いことか。大聖人の御心を、さらに広く深く伝えゆく、広宣流布の重要《じゅうよう》な作業である。必《かなら》ずや大聖人も、おほめくださると、私は信ずる。御書の現代語訳は、女子部から始まった。画期的《かっきてき》なことである」と激励《げきれい》してくださいました。

より多くの人が御書を身近《みぢか》に感じるようになり、ますます御書を開き、拝読《はいどく》が進む一助《いちじょ》になれば幸《さいわ》いです。現代語訳の取り組み自体《じたい》、まだ始まったばかりです。今後とも、多くの方々の貴重《きちょう》なご意見《いけん》をいただきながら、さらなる挑戦《ちょうせん》を続けていきたいと思います。

二〇〇二年三月十六日

編　者

目　次

目　次

装幀、本文中イラスト　内川純子

凡例

一、本書は、「大白蓮華」連載の「御書とともに」（一九九七年二月号〜）から七編を選び、加筆して収録したものである。

二、御書のページ数は、『新編日蓮大聖人御書全集』（日亨上人編　創価学会発行）により、（御書　ページ）で示した。また、御書名については、略称もある。

三、法華経のページ数は、『法華経並開結』により、（開結　ページ）で示した。

四、仏教用語の読み方等は、『仏教哲学大辞典（第三版）』を参照した。

五、現代語訳は、基礎的な仏教用語を残しつつ、多くの人々が、理解できるように表現を工夫《くふう》した。

①よく用《もち》いられる仏教用語・経文については、その訳語《やくご》の後に、（　）で原文の言葉を入れた。

②主語、目的語、接続詞を適宜《てきぎ》補《おぎな》った。また、（　）を用いて、御書の御文《ごもん》にないが、内容を理解する一助として文章を補った場合もある。

③本文中の引用文や、本文中に取り上げられる人物の発言、感想等は、できるだけ「　」を用いるようにした。

④人名について、一般的な呼称《こしょう》がある場合は、〔＝　〕を使って示した。

六、「現代語訳」の中で、説明が必要と思われる語句等は、右肩に算用数字をつけ、下段の「語句」で説明した。

七、「語句」において、さらに説明を必要とするもの、また参考にすべき内容には（＊）で示し、「補注」として、「現代語訳・語句」の次に詳述《しょうじゅつ》した（「補注」の語句の上の数字は、語句のあるページ数を指す）。「補注」は、①教学研さんにあたって学習の便宜《べんぎ》を図るもの②深い理解のため知識の整理として必要なもの③「現代語訳」にあたって訳を工夫《くふう》したもの等の理由で、語句を選んだ。

八、解説は、「背景と大意」「研さんのポイント」から成り、御書を学ぶための基礎的な説明を心掛《こころが》けた。「研さんのポイント」は、教学上の理解、あるいは、実践にあって糧《かて》となる御文《ごもん》を中心に選んだ。基本的には、それぞれの要文《ようもん》ごとに説明し、その要文だけでも学べるように解説した。

現代語訳
御書とともに
1

経《きょう》王《おう》御《ご》前《ぜん》御《ご》書《しょ》

（経王誕生御書《きょうおうたんじょうごしょ》）

文永《ぶんえい》九年（一二七二年）
五十一歳御作
佐渡において
御書全集一一二三ページ

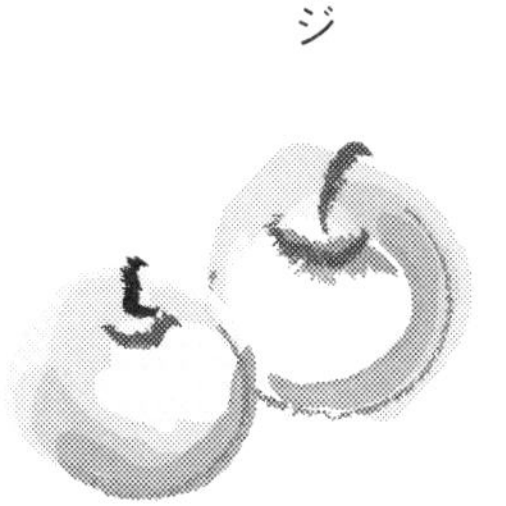

本文

種種《くさぐさ》御送り物給《た》び候《そうら》い畢《おわ》んぬ、法華経第八・妙荘厳王品《みょうしょうごんのうほん》と申すには妙荘厳王・浄徳夫人《じょうとくふじん》と申す后《きさき》は浄蔵《じょうぞう》・浄眼《じょうげん》と申す太子《たいし》に導《みちび》かれ給《たま》うと説《と》かれて候《そうろう》、経王御前《きょうおうごぜん》を儲《もうけ》させ給いて候へば現世《げんせ》には跡《あと》をつぐべき孝子《こうし》なり後生《ごしょう》には又導かれて仏《ほとけ》にならせ給うべし、今の代《よ》は濁世《じょくせ》と申して乱《みだ》れて候世《よ》なり、其《そ》の上《うえ》・眼前《がんぜん》に世の中乱れて見え候へば皆人今生《こんじょう》には弓箭《きゅうせん》の難《なん》に値《あ》いて修羅道《しゅらどう》におち後生《ごしょう》には悪道《あくどう》疑《うたがい》なし。

而《しか》るに法華経を信ずる人人こそ仏には成《な》るべしと見え候へ、御覧《ごらん》ある様にかかる事出来《しゅったい》すべしと見へて候、故に昼夜《ちゅうや》に人に申し聞かせ候いしを用《もち》いらるる事こそなくとも科《とが》に行《おこな》はるる事は謂《いわ》れ無《な》き事なれども、古《いにしえ》も今も人の損《そん》ぜんとては善言《よきこと》を用いぬ習《ならい》なれば終《つい》には用いられず世の中亡《ほろ》びんとするなり、是《こ》れ偏《ひと》えに法華経・釈迦仏《しゃかぶつ》の御使《おんつかい》を責《せ》むる故に梵天《ぼんてん》・帝釈《たいしゃく》・日月《にちがつ》・四天《してん》等の責《せめ》を蒙《こうむ》つて候なり、又世は亡び候とも日本国は南無妙法蓮華経とは人ごとに唱《とな》へ候はんずるにて候ぞ、如何《いか》に申さじと思うとも毀《そし》らん人には弥《いよい》よ申し聞かすべし、命生《いのちいき》て御坐《おわさ》ば御覧《ごらん》有るべし、又如何に唱うとも日蓮に怨《あだ》をなせし人人は先《ま》ず必《かなら》ず無間地獄《むけんじごく》に堕《お》ちて無量劫《むりょうこう》の後に日蓮の弟子《でし》と成《な》つて成仏《じょうぶつ》す可《べ》し、恐恐謹言《きょうきょうきんげん》。

日蓮　花押《かおう》

四条金吾《しじょうきんご》殿御《どのご》返事《へんじ》

現代語訳

種々《しゅじゅ》の品物を送っていただきました。

[1]法華経第八巻の[2]妙荘厳王品《みょうしょうごんのうほん》という章のなかに、妙荘厳王と浄徳夫人《じょうとくふじん》というお后《きさき》が、浄蔵《じょうぞう》・浄眼《じょうげん》という二人の王子によって仏法に導《みちび》かれたと説《と》かれています。（あなた方夫《ふ》妻《さい》も）経王御前《きょうおうごぜん》を授《さず》かったのですから、現世《げんせ》では跡《あと》を継《つ》いでいく親孝行《おやこうこう》な子どもであり、来世《らいせ》には、また、この子に導かれて仏《ほとけ》に成《な》られることでしょう。

語句

1 **法華経第八巻**　法華経は釈尊の仏法において根幹《こんかん》の経典。一切の人々が本来、等《ひと》しく仏であるという教義が説かれている。全八巻二十八品（章）から構成され、妙荘厳王本事品第二十七（章）は第八巻に収《おさ》められている。

2 **妙荘厳王**　＊

今の時代は、[1]濁世《じょくせ》といって乱《みだ》れた世《よ》の中《なか》です。そのうえ、このように世の中が混乱《こんらん》しているので、人々は皆、今《こん》生《じょう》では戦乱《せんらん》の苦難《くなん》に巻《ま》き込《こ》まれて、[2]修羅道《しゅらどう》という、人間らしい心を失《うしな》って争《あらそ》いを好《この》む状態《じょうたい》に陥《おちい》り、死《し》んだ後には、[3]悪道《あくどう》に堕《お》ちることは間違《まちが》いありません。

しかし、法華経を信じる人々は、必《かなら》ず仏《ほとけ》に成《な》れると説《と》かれています。ご覧《らん》のように、[4]こうした事件が起《お》こることは、経文《きょうもん》に説かれています。ゆえに、昼となく夜となく、人に言い聞かせてきたのに、その言葉を用《もち》いることはなかったとしても、日蓮を罰《ばっ》することは理由《りゆう》のないことです。しかし、昔も今も、人が滅《ほろ》びていく時は、進言《しんげん》を用いないのが世の常《つね》ですから、結局、日蓮の言葉も用いられず、世の中は滅びようとしているのです。これは、ひとえに法華

---

1 **濁世** 人々の生命が濁《にご》り、乱れきった世の中のこと。

2 **修羅道** 他人に勝《まさ》りたい思いが強く、心が曲がっていて争いの心が強くなる生命状態。六道（地獄界・餓鬼界・畜生界・修羅界・人界・天界の六界）の一つ。

3 **悪道** 今世で悪い行為をして悪業《あくごう》を積んだ人が受ける苦しみの世界。または苦しみの状態。

4 **こうした事件** ここでは、文永九年（一二七二年）の北条時輔《ときすけ》の乱（二月騒動）を指すと思われる。＊

経・釈迦《しやか》仏《ぶつ》の御使《おんつか》いを迫害《はくがい》したことによって、[5]梵天《ぼんてん》・帝釈《たいしやく》・日天《にってん》・月天《がってん》・四天王《してんのう》等のお叱《しか》りを受けているのです。

また、世《よ》の中《なか》が滅《ほろ》びたとしても、必《かなら》ず日本国は南無妙法蓮華経と人々が唱《とな》えるようになっていくのです。どんなに(題目を)唱えない相手だと思っても、妙法をそしる人には、いよいよ強く語《かた》っていきなさい。命《いのち》ある限《かぎ》り、その成《な》り行《ゆ》きを見ていきなさい。

また、どんなに南無妙法蓮華経と唱えても、日蓮に害《がい》を加《くわ》えた人々は、まず必ず[6]無間地獄《むけんじごく》に堕《お》ちて、長い長い年月を経《へ》た後に、日蓮の弟子《でし》となって成仏《じょうぶつ》するのです。[7]恐恐《きょうきょう》謹言《きんげん》。

日蓮　[8]花押《かおう》

四条金吾殿《しじょうきんごどの》御返事《へんじ》

---

5 梵天・帝釈・日天・月天・四天王等　いずれも、法華経の行者すなわち妙法を実践する者を守護する諸天善神。民衆・国土を守り、福をもたらす自然の働きのこと。＊

6 無間地獄　間断なく大きな苦しみを受ける地獄。様々に地獄の種類が考えられている中で、最も苦しみが大きい地獄。大阿鼻地獄ともいう。仏法を破壊しようとしたり正法を誹謗《ひぼう》する者が堕《お》ちる。

7 恐恐謹言　恐れかしこみ謹《つつし》んで申し上げるとの意。手紙の最後に書く丁重《ていちょう》な挨拶《あいさつ》の言葉。

8 花押　模様化された自筆の署名《しょめい》。

補注

11 **妙荘厳王**　法華経妙荘厳王本事品《みょうしょうごんのうほんじほん》第二十七（章）には、昔、光明荘厳国《こうみょうしょうごんこく》の浄蔵《じょうぞう》・浄《じょう》眼《げん》という二人の王子と母の浄徳夫人《じょうとくふじん》が、妙荘厳王を法華経の信仰《しんこう》に導《みちび》いたことが説《と》かれている。当初、妙荘厳王は仏教以外の教《おし》えに執着《しゅうちゃく》していたが、そのことを心配《しんぱい》した浄蔵・浄眼が母の浄徳夫人と相談した。母は息子たちに、父の前で修行《しゅぎょう》で得《え》た神通力《じんつうりき》を見せるよう語《かた》った。そして、王子たちの自在《じざい》な神通力を目《ま》の当《あ》たりにした妙荘厳王は大いに歓喜《かんき》し、二人の師《し》は誰かと尋《たず》ね、息子たちとともに仏《ほとけ》のもとに会いに行った。妙荘厳王品の最後では、浄徳夫人は法華経の説法《せっぽう》の場《ば》にいた妙音菩薩《みょうおんぼさつ》であり、浄蔵と浄眼は薬《やく》王《おう》菩薩と薬上《やくじょう》菩薩、王は華《け》徳《とく》菩薩であると明《あ》かされている。

12 **こうした事件**　北条時輔《ほうじょうときすけ》の乱《らん》は、文永《ぶんえい》九年、当時の執権《しっけん》・北条時宗《ときむね》の異母兄《いぼけい》にあたる時輔が殺害《さつがい》された内乱《ないらん》。これは、日蓮大聖人が「立正安国論《りっしょうあんこくろん》」で予《よ》言《げん》された、自界叛逆《じかいほんぎゃく》難《なん》（内乱《ないらん》）、他《た》国侵逼難《こくしんぴつなん》（外国からの侵略《しんりゃく》）の二難のうち、自界叛逆難の的中《てきちゅう》である。

13 **梵天・帝釈・日天・月天・四天王等**　「梵天《ぼんてん》」とは大梵天王《だいぼんてんのう》のこと。仏法守護《しゅご》の神で、世界の主。仏《ほとけ》が出現《しゅつげん》する時には必《かなら》ず最初に来て説法《せっぽう》を請《こ》うとされる。「帝釈《たいしゃく》」は、四天《してん》王《のう》を従《したが》えて、須弥山《しゅみせん》の頂上《ちょうじょう》にある喜見城《きけんじょう》に住し、三十三天を統治《とうち》する。法華経の説法の場《ば》では、大梵天王《だいぼんてんのう》とともに二万の天子を連《つ》れて列《つら》なった。「日天《にってん》」と「月天《がってん》」は、それぞれ太陽と月を神格化《しんかくか》した天人。「四天王」は、帝釈の外将《がいしょう》。須弥山中腹《ちゅうふく》にある四つの天下を治《おさ》める、持国天《じこくてん》、増長天《ぞうちょう》、広目天《こうもく》、毘沙門《びしゃもん》（多聞《たもん》）天のこと。こうした諸天善神《しょてんぜんじん》は、法華経陀羅尼品《だらにほん》第二十六（章）で法華経の行者《ぎょうじゃ》の守護《しゅご》を誓《ちか》っている。

背景と大意

濁世《じょくせ》を救《すく》う大聖人の仏法

本抄は、文永《ぶんえい》九年（一二七二年）、日蓮大聖人が五十一歳の御時《おんとき》、流罪地《るざいち》の佐渡《さど》で認《したた》められ、鎌倉《かまくら》の門下《もんか》の中心者である四条金吾《しじょうきんご》に与《あた》えられたお手紙です。四条金吾は、四条中《なか》務三郎左衛門尉頼基《つかさぶろうざえもんのじょうよりもと》ともいい、江門《えま》家に仕《つか》えた武士です。二十代の後半に入信し、夫人の日眼女《にちげんにょ》とともに生涯《しょうがい》、大聖人の外護《げご》に努《つと》めました。

本抄に先立って、四条金吾《しじょうきんご》は、大聖人のもとへ使者《ししゃ》をつかわし、種々の御供養《ごくよう》とともに、あわせて子どもの誕生《たんじょう》をご報告していたようです。四条金吾・日眼女夫妻《ふさい》にとって、この前年に誕生した「月満御前《つきまろごぜん》」に続いての子どもとなります。「経王《きょうおう》（経の王）」という名前も、おそらく大聖人が命名《めいめい》されたものだと思われます。

日蓮大聖人は、文応《ぶんおう》元年（一二六〇年）七月十六日、北条時頼《ほうじょうときより》に「立正安国論《りっしょうあんこくろん》」を提出《ていしゅつ》しました。その中で、為政者《いせいしゃ》が正法《しょうほう》に目覚《めざ》め、悪法《あくほう》への帰依《きえ》を止めなければ、自界叛逆難《じかいほんぎゃくなん》（内乱《ないらん》）と他国侵逼難《たこくしんぴつなん》（外国の侵略《しんりゃく》）が必《かなら》ず起《お》きることは、経文《きょうもん》に照《て》らして間違《まちが》いないと予言《よげん》されています。

その時以来、大聖人は幾度《いくど》となく諫暁《かんぎょう》（為政者に対し意見を述《の》べること）を続けられましたが、幕府《ばくふ》はまったく用《もち》いませんでした。それどころか、大聖人を迫害《はくがい》し、文永《ぶんえい》八年（一二七一年）九月十二日、竜《たつ》の口《くち》の処刑場《しょけいじょう》で大聖人の頸《くび》をはねようとさえしたのです。結局、幕府は、同年十月、大聖人を佐渡《さど》へ流罪《るざい》。その後、わずか半年もたたないうちに、大聖人の予言《よげん》通《どお》り、北条幕府《ほうじょうばくふ》の中で内紛《ないふん》が起《お》き、執権《しっけん》・北条時宗《ときむね》の異母兄《いぼけい》が殺《ころ》される事件（北条時輔《ときすけ》の乱《らん》）が起きたのです。

また、本抄御執筆《ごしっぴつ》の四年前の文永《ぶんえい》五年（一二六八年）には、蒙古《もうこ》の使者《ししゃ》が日本に到着《とうちゃく》し、服従《ふくじゅう》を迫《せま》って、幕府はその対応に困《こま》っていました。

社会が乱《みだ》れ、内乱《ないらん》が起き、外国からの侵略《しんりゃく》までもが起こりそうな不安な時代にあって、大聖人は、このお手紙を通して、四条金吾《しじょうきんご》夫妻《ふさい》に対し、ますます信心に励《はげ》むよう激励《げきれい》されています。

本抄は、初めに法華経の妙荘厳王《みょうしょうごんのう》の話《はなし》を通して、仏法において親子の絆《きずな》がどれだけ深いかを示《しめ》されて経王御前《きょうおうごぜん》の誕生《たんじょう》を祝福《しゅくふく》されています。その後、さまざまな観点《かんてん》から重要《じゅうよう》な御指導を述《の》べられていきます。

まず、現実の世《よ》の中《なか》は末法《まっぽう》という濁世《じょくせ》であり、多くの人々が争《あらそ》いに巻《ま》き込《こ》まれている。そうした時代には、法華経を信じる人々こそが仏《ほとけ》に成《な》れると仰《おお》せられています。

そして、大聖人を用《もち》いなかった世の中が一度は滅《ほろ》びることがあったとしても、日本国には、南無妙法蓮華経の題目が流布《るふ》していくことは間違《まちが》いないと力強く断言《だんげん》されています。

だからこそ、法華経をそしる人に対しても、いよいよ強く語《かた》り抜《ぬ》いていくよう指導され、最後は、大聖人を迫害《はくがい》した人々も必《かなら》ず日蓮大聖人の弟子《でし》となって成仏《じょうぶつ》することを教《おし》えられています。

研さんのポイント

混乱《こんらん》の時代こそ妙法が輝《かがや》く

而《しか》るに法華経を信ずる人人こそ仏《ほとけ》には成《な》るべしと見え候《そうら》へ

本抄の冒頭《ぼうとう》で日蓮大聖人は、広宣流布の後継者《こうけいしゃ》の誕生《たんじょう》を心から祝福《しゅくふく》されています。

「現世《げんせ》」では跡《あと》を継《つ》いでいく親孝行《おやこうこう》な子どもであり、来世《らいせ》には、また、この子に導《みちび》かれて仏に成られることでしょう」と仰《おお》せです。

法華経の経文《きょうもん》に照《て》らし、親子一体《いったい》の成仏《じょうぶつ》が示《しめ》されることで、四条金吾《しじょうきんご》夫妻《ふさい》にとって、福子《ふくし》誕生《たんじょう》の喜びがいっそう大きくなったことは間違《まちが》いありません。

しかし、時代は濁世《じょくせ》です。戦乱《せんらん》の社会の到来《とうらい》に、人々の心も修羅《しゅら》（争《あらそ》い）の心が強くなっています。

四条金吾夫妻にとってみれば、この子どもたちが成長していく未来の社会はどうなっているのか等々、さまざまに先行きを案《あん》じていたのかもしれません。

そうした夫妻の心中を察《さっ》してか、大聖人は、〝あなた方夫妻も、子どもたちも、また同《どう》志《し》も皆、この法華経（御本尊）を信じる人々は、絶対に仏《ほとけ》に成ることは間違いない〟と励《はげ》まされています。

人々のエゴが強くなり修羅の心が増《ま》していく世《よ》の中《なか》にあって、どんな嵐《あらし》にも揺《ゆ》るがない大樹《たいじゅ》のような境涯《きょうがい》を確立《かくりつ》していくことを教《おし》えているのが日蓮大聖人の仏法です。

濁世であればあるほど、御本尊の功力《くりき》は輝《かがや》きます。妙法を持《たも》った人は、ますます光り輝いていくのです。

〝いよいよ〟の心で勇気の対話を

又世《よ》は亡《ほろ》び候《そうろう》とも日本国は南無妙法蓮華経とは人ごとに唱《とな》へ候はんずるにて候ぞ、如何《いか》に申さじと思うとも毀《そし》らん人には弥よ《いよい》申し聞かすべし

「進言《しんげん》を用《もち》いないのが世の常《つね》です」とあるように、賢人《けんじん》の言葉や未来を見通した言葉、真心《まごころ》の諫言《かんげん》（諫《いさ》めの言葉）を用いないのが人間社会の常かも知れません。しかし、進言を用いない社会が、やがて滅《ほろ》んでいくことも歴史《れきし》の教訓《きょうくん》です。

日蓮大聖人は、日本の人々を救《すく》っていこうと、立宗宣言《りっしゅうせんげん》以来、二十年に及《およ》ぶ闘争《とうそう》を続けてこられました。ところが、権力者《けんりょくしゃ》は、民衆《みんしゅう》のため、また日本の未来のために戦《たたか》う大聖人に対して、無実《むじつ》の罪《つみ》を着《き》せて佐渡《さど》に流罪《るざい》したのです。そうした日本が、諸天善神《しょてんぜんじん》によって厳《きび》しいお叱《しか》りを受けることは間違《まちが》いないと、大聖人は厳然《げんぜん》と獅子吼《ししく》されています。

そのうえで大聖人は、たとえどのように社会が変化し、また、どんな迫害《はくがい》があっても、必《かなら》ずこの妙法が広宣流布し、最後には人々が南無妙法蓮華経を唱《とな》える時が来ると断言《だんげん》されています。これは、大聖人の弘《ひろ》められる妙法が必ず人々を救済《きゅうさい》していくとの大宣言《だいせんげん》であると拝《はい》せられます。

ゆえに、どういう乱世《らんせ》になっても、また、幕府《ばくふ》の弾圧《だんあつ》が続くようなことがあっても、〝我が門下《もんか》よ、断《だん》じて負《ま》けるな〟と大激励《だいげきれい》されているのです。

現実に、当時の鎌倉《かまくら》の門下たちは、投獄《とうごく》や所領没収《しょりょうぼっしゅう》という弾圧《だんあつ》が加《くわ》えられ、退転者《たいてんしゃ》が続出《ぞくしゅつ》していました。その中で大聖人は、鎌倉のリーダーである四条金吾《しじょうきんご》に対して、今こそ、妙法を非難《ひなん》する人にも、〝ますます力強く仏法の正義《せいぎ》を語《かた》っていきなさい〟と指導されています。

「弥《いよ》よ」とは、「ますます」ということです。ますます信心の確信を、正義の叫《さけ》びを、「強く」「深く」していきなさい、という意味です。

正義は語り抜《ぬ》くことが大事です。大変な時に、心が退《しりぞ》いてしまえば前進はできません。強く戦《たたか》い続ける中に、勝利《しょうり》への道が開けるのです。

妙法の実践《じっせん》には必《かなら》ず厳然《げんぜん》たる結果が出ます。戦《たたか》う人は功徳《くどく》に満《み》ちあふれ、そしる人は悪《あく》道《どう》に堕《お》ちる現証《げんしょう》が出るのです。だからこそ、〝命《いのち》ある限《かぎ》り、必ず見ていきなさい。最後は皆が目覚《めざ》めて、この仏法で救《すく》われることは絶対《ぜったい》に疑《うたが》いがない〟と断言《だんげん》されているのです。

仏法の教《おし》えを聞いて反対する者であっても、仏法に縁《えん》したこと自体《じたい》が成仏《じょうぶつ》の因《いん》となります。そのことを踏《ふ》まえて、本抄では最後に、〝どんなに大聖人を迫害《はくがい》した人も、結局は、自身の行《おこな》いを反省《はんせい》し、必ず最後は大聖人の弟子《でし》となって成仏できる〟と仰《おお》せです。

〝どんな人をも救《すく》っていこう〟〝絶対に幸福にしてみせる〟との大聖人の大慈《だいじ》大悲《だいひ》の御精神の表《あらわ》れであるとも拝《はい》せられるのです。

四《し》条《じょう》金《きん》吾《ご》殿《どの》御《ご》返《へん》事《じ》

（衆《しゅ》生《じょう》所《しょ》遊《ゆう》楽《らく》御《ご》書《しょ》）

建治《けんじ》二年（一二七六年）
五十五歳御作
身延において
御書全集一一四三ページ

本文

一切衆生《いっさいしゅじょう》・南無妙法蓮華経と唱《とな》うるより外《ほか》の遊楽《ゆうらく》なきなり経に云《いわ》く「衆生所遊楽《しゅじょうしょゆうらく》」云云、此《こ》の文《もん》・あに自《じ》受法楽《じゅほうらく》にあらずや、衆生のうちに貴殿《きでん》もれ給《たま》うべきや、所とは一閻浮《いちえんぶ》提《だい》なり日本国は閻浮提の内なり、遊楽とは我等《われら》が色心依正《しきしんえしょう》ともに一念三千《いちねんさんぜん》・自《じ》受用身《じゅゆうしん》の仏《ほとけ》にあらずや、法華経を持《たも》ち奉《たてまつ》るより外に遊楽はなし現世《げんせ》安穏《あんのん》・後生善処《ごしょうぜんしょ》とは是《これ》なり、ただ世間《せけん》の留難《るなん》来《きた》るとも・とりあへ給うべからず、賢人《けんじん》・聖人も此の事はのがれず、ただ女房と酒うちのみて南無妙法蓮華経と・となへ給へ、苦《く》をば苦とさとり楽《らく》をば楽とひらき苦楽ともに思《おも》い合《あわ》せて南無妙法蓮華経とうちとなへ《唱》ゐ《居》させ給へ、これあに自受法楽にあらずや、いよいよ強盛《ごうじょう》の信力《しんりき》をいたし《致》給へ、恐恐謹言《きょうきょうきんげん》。

建治《けんじ》二年丙子《ひのえね》六月二十七日　　日蓮　花押《かおう》

四条金吾《しじょうきんご》殿御《どのご》返事《へんじ》

現代語訳

一切衆生《いっさいしゅじょう》、すなわち、ありとあらゆる人々にとって、南無妙法蓮華経と唱《とな》えること以外の遊楽《ゆうらく》[1]はありません。

経文《きょうもん》に「（この現実の苦悩《くのう》の国土は、じつは）衆生が遊楽する所である（衆生所遊楽《しゅじょうしょゆうらく》[2]）」（法華経寿量品《じゅりょうほん》）とあります。

この文こそ、まさに、「自ら法に生きる喜び、楽しみを味《あじ》わう（自受法楽《じじゅほうらく》[3]）」との境涯《きょうがい》を述《の》べた文ではありませんか。

この文の「衆生」のなかに、あなたが入っておられないことがありましょうか。

「所」とは、全世界[4]です。日本国は全世界のなかにあります。

語句

1 **遊楽** 遊び楽しむこと。仏法では、何の障《さわ》りもない自由自在な生命、満足しきった境涯をいう。

2 **衆生所遊楽** 法華経如来寿量品第十六（章）にある文。「衆生の遊楽する所なり」と読む。＊

3 **自受法楽** 「自ら法楽を受く」と読む。「法楽」は、世間的な欲望の充足とは異《こと》なり、仏の悟りを我が身で受け味わう最高絶対の幸福をいう。

4 **全世界** 御書本文は「一閻《いちえん》浮提《ぶだい》」。人間が住み、仏法に縁のある地。

「遊楽《ゆうらく》」とは、私たちの[1]肉体も精神も、自分も周囲《しゅうい》も、すべて「一念三千《いちねんさんぜん》の現《あらわ》れであり、妙法の功徳《くどく》を自らが受け用《もち》いることのできる仏《ほとけ》の身《み》（[2]一念三千・自《じ》受用身《じゅゆうしん》の仏）」そのものではないでしょうか。

法華経を持《たも》つこと以外に、遊楽はありません。「今の人生は安穏《あんのん》であり、後に生まれてくる時には、善《よ》い処《ところ》に生まれる（[3]現世安穏《げんせあんのん》・後生善処《ごしょうぜんしょ》）」とは、この境涯《きょうがい》を説《と》いているのです。

ただ、[4]世間《せけん》の人々からどんな難《なん》があっても、とりあってはなりません。賢人《けんじん》や聖人であっても、このことは逃《のが》れられないのです。

ただ、奥《おく》さんと酒を飲んで語《かた》り合い、南無妙法蓮華経と唱《とな》えていきなさい。

---

1 **肉体も精神も、自分も周囲も**　御書本文は「色心依正《しきしんえしょう》」。「色」は色法＝肉体や物質などの働き。「心」は心法＝心の働き、一念。「正」は正報＝生命本体、主体である自己のこと。「依」は依報＝その依《よ》りどころであり、生活環境や自然環境のこと。仏法では色心不二、依正不二を説く。

2 **一念三千・自受用身の仏**　＊

3 **現世安穏・後生善処**　法華経薬草喩品《やくそうゆほん》第五（章）には「是の諸の衆生、是の法を聞き已《おわ》って現世安穏にして後に善処に生ぜん」とある。妙法を信受する人々が受ける三世にわたる福徳を述べたもの。

苦《くる》しいことがあっても、苦《く》というものは避《さ》けられないものであると見きわめ、楽しきことは楽しきこととして味《あじ》わいながら、苦も楽《らく》もともに思い合わせて南無妙法蓮華経と唱《とな》え続けていきなさい。

これこそ「自ら法に生きる喜び、楽しみを味わう（自受《じじゅ》法楽《ほうらく》）」ということではありませんか。

いよいよ強盛《ごうじょう》な[5]信力《しんりき》を現《あらわ》していきなさい。恐恐謹言《きょうきょうきんげん》。

建治《けんじ》二年六月二十七日　　日蓮　花押《かおう》

四条金吾《しじょうきんご》殿御《どのご》返事《へんじ》

---

4 **世間の人々からどんな難があっても** 御書本文は「世間の留難《るなん》」。留難とは修行を妨《さまた》げようとして迫害などを加えること。ここでは、四条金吾が、同僚など周囲の人々からの讒言《ざんげん》や悪口などの迫害を受けたことを指している。

5 **信力** 信じる力のこと。妙法を信ずる一念の強さをいう。

補注

25 **衆生所遊楽** 法華経如来寿量品《にょらいじゅりょうほん》第十六（章）に「……衆生劫尽《しゅじょうこうつ》きて　大火《だいか》に焼《や》かるる

と見る時も　我が此《こ》の土《ど》は安穏《あんのん》にして　天人常《てんにんつね》に充満《じゅうまん》せり　園林《おんりん》諸《もろもろ》の堂閣《どうかく》　種種《しゅじゅ》の宝《たから》をもって荘厳《そうごん》し　宝樹華《ほうじゅけ》果《か》多くして　衆生《しゅじょう》の遊楽《ゆうらく》する所なり」（開結五〇八ページ）とある。

衆生とは凡夫《ぼんぷ》。遊楽とは「遊び楽しむ」こと、所とは娑婆《しゃば》世界を指《さ》す。法華経以前の経では、衆生がいる場所は、苦悩《くのう》が充満する娑婆世界だと説《と》かれてきたが、寿量品《じゅりょうほん》では、久遠《くおん》の仏《ほとけ》が常住《じょうじゅう》し続けている寂光土《じゃっこうど》（＝仏国土《ぶっこくど》）であることが明《あ》かされている。すなわち、苦悩と無常《むじょう》に満《み》ちているこの現実世界は、妙法を持《たも》つ人々にとっては、常に仏とともにあり、最高の遊楽を味《あじ》わうことのできる寂光土にほかならないことが示《しめ》されている。

26 **一念三千・自受用身の仏**　「一念三千《いちねんさんぜん》」とは、私たち衆生《しゅじょう》の一念、すなわち瞬間《しゅんかん》瞬間の生命に、ありとあらゆる現象《げんしょう》世界すべて（三千諸法《しょほう》）が具《そな》わっていることをいう。「自《じ》受用身《じゅゆうしん》」とは「ほしいままに受け用《もち》いる身《み》」と読み、仏法の功徳《くどく》を存分《ぞんぶん》に受け用いる仏《ほとけ》の自由自在《じざい》な境涯《きょうがい》をいう。ここでは、妙法の信行《しんぎょう》によって、自分自身もその環境《かんきょう》も、一念三千・自受用身の仏の生命の当体《とうたい》と現《あらわ》れることを説《と》いている。

背景と大意

逆境《ぎゃっきょう》が続く四条金吾へ真心《まごころ》の励《はげ》まし

本抄は、建治《けんじ》二年（一二七六年）六月、日蓮大聖人が五十五歳の御時《おんとき》、身延《みのぶ》で認《したた》められ、鎌倉《かまくら》の四条金吾《しじょうきんご》に与《あた》えられたお手紙です。別名をその内容から「衆生所遊楽御書《しゅじょうしょゆうらくごしょ》」ともいいます。

この二年前の文永《ぶんえい》十一年（一二七四年）三月、無実《むじつ》の罪《つみ》で佐渡《さど》に流罪《るざい》されていた大聖人が鎌倉へお帰りになられました。大聖人の留守《るす》を守《まも》り、鎌倉の信徒《しんと》の中心者として戦《たたか》ってきた四条金吾にとっては、最高の喜びだったことは間違《まちが》いありません。同年四月、大聖人は三回目の国主諫暁《こくしゅかんぎょう》をされ、蒙古襲来《もうこしゅうらい》は年内に必《かなら》ず起《お》こると予言《よげん》し、翌《よく》五月に身延の山へ入られました。そうした師匠《ししょう》の正義《せいぎ》を貫《つらぬ》き通《とお》すお振《ふ》る舞《ま》いに触《ふ》れ、四条金吾がより一層《いっそう》の広宣流布への決意を固《かた》めたことは想像《そうぞう》にかたくありません。

四条金吾《しじょうきんご》は、その年の九月、主君《しゅくん》・江間《えま》氏を折伏《しゃくぶく》しました。ところが、極楽寺良観《ごくらくじりょうかん》の信《しん》者《じゃ》であった江間氏は、次第《しだい》に四条金吾を遠《とお》ざけるようになり、やがて理不尽《りふじん》な所領変更《しょりょうへんこう》の命令《めいれい》までも下《くだ》してきました。さらに、江間家に仕《つか》える同僚《どうりょう》の武士たちからも、讒言《ざんげん》（人を陥《おとしい》れるためのつくり話）をされたり嫌《いや》がらせを受けたりするなど、境遇的《きょうぐうてき》にも精神的にも厳《きび》しい苦境《くきょう》に立たされるようになりました。

翌文永《よくぶんえい》十二年（一二七五年）の春頃、あまりの辛《つら》さに剛毅《ごうき》な四条金吾も思わず「この経を持《たも》つ人は、現世安穏《げんせあんのん》、後生善処《ごしょうぜんしょ》と伺《うかが》っていたが、すでに去年より今日まで、経文《きょうもん》の通りに信心をしているのに、その経文の通りではなく大難《だいなん》が雨のように降《ふ》り注《そそ》いできている」（趣意、御書一一三六ページ）と、弱音《よわね》をはいてしまいます。

そのことを聞かれた大聖人は、すぐにお手紙「四条金吾殿御返事《ごへんじ》（此経難持御書《しきょうなんじごしょ》）」を認《したた》められ、この経を持つ人は難に遭《あ》うのは必然《ひつぜん》であり、どんなに苦《くる》しいことがあっても、信心を貫《つらぬ》いていくよう激励《げきれい》をされています。しかし、金吾をめぐる周囲《しゅうい》の批判《ひはん》は変《か》わりませんでした。

本抄は、そうした苦しい境遇が続いている四条金吾に送られたお手紙です。この中で、大聖人は、厳《きび》しい環境《かんきょう》に負《ま》けず苦難《くなん》を乗《の》り越《こ》えていくために、物事《ものごと》の本質を見抜《みぬ》き、悠々《ゆうゆう》たる境涯《きょうがい》を確立《かくりつ》していく信心の極理《ごくり》を教《おし》えられています。南無妙法蓮華経と唱《とな》えていく以外に真実《しんじつ》の遊楽《ゆうらく》はないことを示《しめ》され、どんな時でも、苦《く》も楽《らく》もともに包《つつ》んで、南無妙法蓮華経と唱え続けて、より一層《いっそう》の信心を貫《つらぬ》いていくよう指導されています。

研さんのポイント

題目を根本《こんぽん》に絶対的幸福境涯を

> 一切衆生《いっさいしゅじょう》・南無妙法蓮華経と唱うるより外《ほか》の遊楽《ゆうらく》なきなり経に云《いわ》く「衆生所遊楽《しゅじょうしょゆうらく》」云云

日蓮大聖人は、四条金吾夫妻《しじょうきんごふさい》に対し、何があっても題目根本に生き抜《ぬ》いていく以外に真実の幸福はないことを明快《めいかい》に教《おし》えられています。

そこで、法華経寿量品《じゆりようほん》の自我偈《じがげ》にある「衆生所遊楽《しゆじようしよゆうらく》」の経文《きようもん》を通して、本来、この現実の苦悩《くのう》の世界こそ、じつは、私たちが遊び楽しむ所だと示されているのです。

私たちの信仰《しんこう》の目的《もくてき》は、「何が起《お》きようとも、生きていること自体《じたい》が最高に楽しい」「どこにいても、楽しくて楽しくて仕方《しかた》がない」という境涯《きようがい》を確立《かくりつ》することです。この境涯を、戸田第二代会長は「絶対的幸福境涯《ぜつたいてききようがい》」と言っています。

「境涯」とは、境＝「さかい」、涯＝「はて」の意味で、ともに生命の広がりを示しています。境涯が大きいほど心は豊《ゆた》かになります。仏法では、この「境涯」を変革《へんかく》していくなかに真《しん》の幸福が確立されていくことを説《と》きます。その境涯革命《かくめい》とは、心のもち方でどうにでもなるというような観念論《かんねんろん》とは違《ちが》います。辛《つら》ければ辛い、苦《くる》しければ苦しいまま、しかし、悠然《ゆうぜん》とその現実を転換《てんかん》し、生活と人生とをどこまでも変革し、豊かにしていくことができます。

その自分自身の境涯を変《か》えていく原動力《げんどうりよく》が南無妙法蓮華経の題目です。御本尊に題目を唱《とな》えれば、自分自身に仏《ほとけ》の生命が涌現《ゆげん》していきます。胸中《きようちゆう》に涌現した仏の生命は、瞬時《しゆんじ》に、自身の心（心法《しんぽう》）を変《か》え、身《み》（色法《しきほう》）を変え、また、自分（正報《しょうほう》）を変え、周囲《しゅうい》の環境《かんきょう》（依報《えほう》）を変えていきます。そうすれば、いかなる出来事にも悠然《ゆうぜん》と立ち向かっていける力《ちから》、限《かぎ》りなく前進し向上《こうじょう》していける力を得《え》ることができ、何があっても動じない境涯《きょうがい》を自身の胸中《きょうちゅう》に確立《かくりつ》することができるのです。

どんな困難《こんなん》に直面《ちょくめん》しようとも、ありのままの自分のままで、唱題《しょうだい》によって得た広大無辺《こうだいむへん》の最高の仏界《ぶっかい》の境涯から悠々《ゆうゆう》とすべてを見下《みお》ろし、悩《なや》みを乗《の》り越《こ》えていくことができる。大聖人は、そうした生命状態《じょうたい》になることが「自受法楽《じじゅほうらく》（自ら法楽を受く）」の境涯であると教《おし》えられています。

「自ら」と仰《おお》せです。南無妙法蓮華経の法楽の力を引き出し、「自ら受ける」「自ら用《もち》いる」ためには、どこまでも自分の信心が大事になってきます。

池田名誉会長は「その広大深遠《じんのん》の法楽を、どれだけ『受け』『用いる』ことができるか。それは信心によって決まります。大海の水を、小さなコップですくうか、大きなプールに満《み》たすか。もっと大きく、ほしいままに『受用《じゅよう》』していくか。全部、自分自身で決まるのです」と指導しています。

信心によって自分が境涯《きょうがい》を開いていけば、自受法楽《じじゅほうらく》の喜びも、ますます大きなものになっていきます。一切《いっさい》が題目で決まっていくことを教《おし》えられた一節《いっせつ》です。

本質を見《み》抜《ぬ》き紛動《ふんどう》されない生き方を

苦《く》をば苦とさとり楽《らく》をば楽とひらき苦楽《くらく》ともに思《おも》い合《あわ》せて南無妙法蓮華経とうちとな唱へゐ居させ給《たま》へ

日蓮大聖人は「ただ、世間《せけん》の人々からどんな難《なん》があっても、とりあってはなりません」ときっぱりと仰《おお》せになっています。

賢人《けんじん》や聖人であっても、難を逃《のが》れることはできません。人間の苦悩《くのう》が渦巻《うずま》く現実社会は、悪人《あくにん》を善人《ぜんにん》のように言い、善人は悪人のように言われます。

四条金吾《しじょうきんご》も讒言《ざんげん》(人を陥《おとしい》れるためのつくり話《ばなし》)によって苦《くる》しめられていました。しかし、大聖人は、そうしたことに惑《まど》わされてはならない、と言い切られています。物事《ものごと》の本質がわからない、卑《いや》しい周囲《しゅうい》の心の動きに自分の心を乱《みだ》されてはならない、と教《おし》えられているのです。

私たちも、低次元《ていじげん》のことに一喜一憂《いっきいちゆう》することなく、無認識《むにんしき》の批判《ひはん》、悪意《あくい》の中傷《ちゅうしょう》などに惑わされずに、今日《きょう》もまた、さっそうと人生を生きぬいていきたいものです。

そうした、青空のような広大《こうだい》な心を持《たも》ち続けていくために、大聖人は苦《く》も楽《らく》も包《つつ》みこんでいく信心の境地《きょうち》を教えられています。

大聖人は「苦《く》をば苦とさとり楽《らく》をば楽とひらき（苦《くる》しいことがあっても、それは避《さ》けられない苦悩《くのう》であると見きわめ、楽しいことは楽しいこととして味《あじ》わいながら）」と仰《おお》せです。苦楽《くらく》ともに思い合わせて南無妙法蓮華経と唱題《しょうだい》していきなさいと激励《げきれい》されています。

信心をしたからといって、魔法《まほう》のように苦しみがなくなるわけではありません。生きている以上、悩《なや》みや苦しみは避けられないのです。そう覚悟《かくご》を決めれば、目の前の苦悩《くのう》を見《み》下《お》ろしていくことができます。

また、楽しいことがあっても、それに溺《おぼ》れることがなければ、ますます感謝《かんしゃ》の心で楽しみを増《ふ》やしていけるのです。

そうした苦楽の波《なみ》に左右されない、確固《かっこ》たる生き方ができるのが大聖人の仏法であり、日々、真剣《しんけん》に南無妙法蓮華経と唱《とな》えていく功徳《くどく》なのです。

聖人御難事《しょうにんごなんじ》

弘安《こうあん》二年（一二七九年）
五十八歳御作
身延において
御書全集一一八九ページ

本文

去《い》ぬる建長《けんちょう》五年太歳癸丑四月二十八日に安房《あわ》の国長狭郡《ながさごおり》の内東条《とうじょう》の郷《ごう》・今は郡《こおり》なり、天照太《てんしょうだい》神《じん》の御《み》くりや《厨》右大将家《うだいしょう》の立て始め給《たま》いし日本第二のみくりや今は日本第一なり、此《こ》の郡の内清澄寺《せいちょうじ》と申す寺の諸仏坊《しょぶつぼう》の持仏堂《じぶつどう》の南面にして午《うま》の時に此の法門申しはじめて今に二十七年・弘安《こうあん》二年太歳己卯なり、仏《ほとけ》は四十余年《よねん》・天台大師《てんだいだいし》は三十余年・伝教大師《でんぎょう》は二十余年に出《しゅっ》世《せ》の本懐《ほんかい》を遂《と》げ給う、其中《そのなか》の大難《だいなん》申す計《ばか》りなし先先《さきざき》に申すがごとし、余《よ》は二十七年なり其《そ》の間の大難は各各《おのおの》かつ《且》しろしめせり。

法華経に云《いわ》く「而《しか》も此の経は如来《にょらい》の現在にすら猶怨嫉《なおおんしつ》多し、況《いわん》や滅度《めつど》の後をや」云云、釈迦《しゃか》如来の大難はかずをしらず、其の中に馬の麦をもつて九十日・小指《こゆび》の出仏身血《すいぶつしんけつ》・大石の頂《いただき》にかかりし、善生比丘《ぜんしょうびく》等の八人が身《み》は仏の御弟子《みでし》・心は外道《げどう》にともないて昼夜十二時に仏の短《ひま》をねらいし、無量《むりょう》の釈子《しゃくし》の波瑠璃王《はるりおう》に殺《ころ》されし・無量の弟子等が悪象《あくぞう》にふまれし・阿闍世王《あじゃせおう》の大難をなせし等、此等《これら》は如来現在の小難なり、況滅度後《きょうめつどご》の大難は竜樹《りゅうじゅ》・天《てん》親《じん》・天台・伝教いまだ値《あ》い給はず・法華経の行者《ぎょうじゃ》ならずと・いわば・いかでか行者にて・

をはせざるべき、又行者《ぎょうじゃ》といはんとすれば仏《ほとけ》のごとく身《み》より血をあや《滴》されず、何《いか》に況《いわん》や仏に過《す》ぎたる大難《だいなん》なし経文《きょうもん》むなしきがごとし、仏説《ぶっせつ》すでに大虚妄《だいこもう》となりぬ。

而《しか》るに日蓮二十七年が間・弘長《こうちょう》元年辛酉五月十二日には伊豆《いず》の国へ流罪《るざい》、文永《ぶんえい》元年甲子十一月十一日頭《こうべ》にきず《疵》をかほり左の手を打《う》ちをらる、同文永八年辛未九月十二日佐渡《さど》の国へ配流《はいる》又頭《くび》の座に望《のぞ》む、其《そ》の外《ほか》に弟子《でし》を殺《ころ》され切られ追出《おいだし》・くわれう《過料》等かずをしらず、仏の大難には及《およ》ぶか勝《すぐ》れたるか其《それ》は知らず、竜樹《りゅうじゅ》・天親《てんじん》・天台《てんだい》・伝教《でんぎょう》は余《よ》に肩《かた》を並《なら》べがたし、日蓮末法《まっぽう》に出《い》でずば仏は大妄語《だいもうご》の人・多宝《たほう》・十方《じっぽう》の諸仏《しょぶつ》は大虚妄の証明なり、仏滅後《めつご》二千二百三十余年が間・一閻浮提《いちえんぶだい》の内に仏の御言《みことば》を助けたる人・但《ただ》日蓮一人なり、過去現在の末法の法華経の行者を軽賤《きょうせん》する王臣万民《おうしんばんみん》始めは事なきやうにて終《つい》にほろびざるは候《そうら》はず、日蓮又かくのごとし、始めはしるし《験》なきやうなれども今二十七年が間、法華経守護《しゅご》の梵釈《ぼんしゃく》・日《にち》月《がっ》・四天《してん》等さのみ守護せずば仏前《ぶつぜん》の御誓《おんちかい》むなしくて無間大城《むけんだいじょう》に堕《お》つべしと・おそろしく想《おも》う間今は各各《おのおの》はげむらむ、大田の親昌《ちかまさ》・長崎次郎兵衛《じろうひょうえ》の尉《じょう》時綱《ときつな》・大進房《だいしんぼう》が落馬《らくば》等は法華経の罰《ばち》のあらわるるか、罰は総罰・別罰・顕《けん》罰・冥《みょう》罰・四候《そうろう》、日本国の大疫病《だいやくびょう》と大けかち《飢渇》とどしうち《同士討》と他国よりせめらるるは総ばち《罰》なり、やくびやう《疫病》は冥罰なり、大田等は現罰なり別ばちなり、各各《おのおの》師子王《ししおう》の心を取り出《いだ》して・いかに人をどすともをづる事なかれ、師子王は百獣《ひやくじゆう》にをぢず・師子の子・又かくのごとし、彼等《かれら》は野干《やかん》のほうる《吼》なり日蓮が一門は師子の吼《ほう》るなり、故最明寺《こさいみようじ》殿の日蓮をゆるしし此《こ》の殿の許《ゆる》しは禍《とが》なかりけるを人のざんげん《讒言》と知りて許ししなり、今はいかに人申すとも聞きほどかずしては人のざんげんは用《もち》い給《たま》うべからず、設《たと》い大鬼神《だいきじん》のつける人なりとも日蓮をば梵釈《ぼんしやく》・日月《にちがつ》・四天《してん》等・天照太神《てんしようだいじん》・八幡《はちまん》の守護《しゆご》し給うゆへにばつ《罰》しがたかるべしと存じ給うべし、月月・日日につより《強》給へ・すこしもたゆむ《撓》心あらば魔《ま》たよりをうべし。

我等凡夫《ぼんぷ》のつたなさは経論《きようろん》に有る事と遠《とお》き事はおそるる心なし、一定《いちじよう》として平等《へいら》も城等《じようら》もいかりて此の一門をさんざんとなす事も出来《しゆつたい》せば眼をひさい《塞》で観念《かんねん》せよ、当時《とうじ》の人人のつくし《筑紫》へか・さされんずらむ、又ゆく人・又かしこに向《むか》える人人を我が身《み》にひきあてよ、当時までは此の一門に此のなげきなし、彼等はげん《現》はかくのごとし殺《ころ》されば又地獄《じごく》へゆくべし、我等現《げん》には此の大難《だいなん》に値《あ》うとも後生《ごしよう》は仏《ほとけ》になりなん、設《たと》えば灸治《やいと》のごとし当時はいた《痛》けれども後の薬《くすり》なればいたく《疼》ていたからず。

彼《か》のあつ《熱》わら《原》の愚癡《ぐち》の者ども・いゐ《言》はげま《励》して・をどす事なかれ、彼等にはただ一えん《円》

におもい切れ・よから《善》んは不思議《ふしぎ》わるから《悪》んは一定《いちじょう》とをもへ、ひだる《空腹》しとをもわば餓鬼道《がきどう》ををしへよ、さむしといわば八かん《寒》地獄《じごく》ををしへよ、をそろししと・いわばたか《鷹》にあへるきじねこ《雉猫》にあえるねずみ《鼠》を他人とをもう事なかれ、此《こ》れはこまごまとかき候《そうろう》事はかくとしどし《年年》・月月・日日に申して候《そうら》へどもなごへ《名越》の尼《あま》せう《少輔》房《ぼう》・のと《能登》房・三位《さんみ》房なんどのやうに候、をくびやう《臆病》物をぼへず・よくふか《欲深》く・うたがい多き者どもは・ぬ《塗》れるうるし《漆》に水をかけそら《空》をきり《切》たるやうに候ぞ。

三位房が事は大不思議の事ども候いしかども・とのばら《殿原》のをもいには智慧《ちえ》ある者をそねませ給《たま》うかと・ぐちの人をもいなんと・をもいて物も申さで候いしが、はらぐろとなりて大難《だいなん》にもあたりて候ぞ、なかなか・さんざんと・だにも申せしかば・たすかるへんもや候いなん、あまりにふしぎさに申さざりしなり、又かく申せばおこ人どもは死《し》もう《亡》の事を仰《おお》せ候と申すべし、鏡《かがみ》のために申す又此の事は彼等の人人も内内は・おぢおそれ候らむと・おぼへ候ぞ。

人のさわ《騒》げばとて・ひやうじ《兵士》なんと此の一門にせられば此れへかきつけて・たび候へ、恐恐謹言《きょうきょうきんげん》。

十月一日　　　　日蓮　花押《かおう》

人人御中《おんちゅう》

さぶらうざへもん殿《どの》のもとに・とどめらるべし。

現代語訳

去《さ》る建長《けんちょう》五年四月二十八日に、安房《あわ》[1]の国長狭郡《ながさごおり》のなかの東条《とうじょう》の郷、今は郡《ぐん》となっています。そこは天照太神《てんしょうだいじん》[2]の領《りょう》地《ち》で、源頼朝《みなもとのよりとも》[3]が開いた日本第二の社領《しゃりょう》[4]でしたが、今は日本第一です。

この郡の中にある清澄寺《せいちょうじ》[5]という寺の諸仏坊《しょぶつぼう》の持仏堂《じぶつどう》の南に面する所で、正午《しょうご》にこの法門《ほうもん》を説《と》き始めて以来今まで二十七年、弘安《こうあん》二年になりました。

語句

1 **安房の国長狭郡** 千葉県の鴨川市や天津小湊町の一帯。

2 **天照太神の領地** 日本の祖先神とされる天照太神を祀《まつ》った、伊勢神宮への供物を奉納《ほうのう》する領地のこと。

3 **源頼朝** 鎌倉幕府初代将軍。

4 **社領** 神社の領地。

仏《ほとけ》は四十余年、[6]天台大師《てんだいだいし》は三十余年、[7]伝教《でんぎょう》大師は二十余年に、[8]出世《しゅっせ》の本懐《ほんかい》を遂《と》げられました。その中の大難《だいなん》は、言い尽《つ》くせないほどです。これまでも申し上げてきたとおりです。

私は二十七年です。その間の大難は皆がそれぞれ、よく知っているとおりです。

法華経には「[9]しかもこの経には仏がいらっしゃる時でさえ[10]怨嫉《おんしつ》が多い、ましてや仏が亡《な》くなられた後は、なおさらである（如来現在《にょらいげんざい》・猶多怨嫉《ゆたおんしつ》・況滅度後《きょうめつどご》）」と説《と》いています。

釈迦《しゃか》如来が受けた大難は数知れません。

その中で、[11]馬の麦を食べて九十日間しのいだこと、山頂《さんちょう》から大石を投げられて仏の足の指が傷《きず》つき血を出したこと、[12]善生比丘《ぜんしょうびく》らの八人が、身《み》は仏《ほとけ》の御弟子《でし》でありながら心

---

5 **清澄寺** 日蓮大聖人が出家・修学された古寺。

6 **天台大師** 六世紀後半の中国で、天台宗を開いた。＊

7 **伝教大師** 平安時代、日本で天台宗を創《つく》った。＊

8 **出世の本懐** 仏がこの世に出現した究極の目的。＊

9 **「しかもこの経……」** 法華経法師品第十（章）の文。＊

10 **怨嫉** うらみ、ねたむこと。仏法者への非難、中傷《ちゅうしょう》。

11 **馬の麦を食べて……** 以下、釈尊が受けた大難が挙《あ》げられている。＊

12 **善生比丘** 釈尊の出家前の子。仏弟子となったが、釈尊の命をしばしば狙《ねら》った。

は[1]外道《げどう》に従《したが》って昼夜暇《ひま》なく仏《ほとけ》の隙《すき》を狙《ねら》ったこと、無数の釈《しゃ》迦族《かぞく》の人々が[2]波瑠璃王《はるりおう》に殺《ころ》されたこと、無数の弟子《でし》たちが悪象《あくぞう》に踏《ふ》み潰《つぶ》されたこと、[3]阿闍世王《あじゃせおう》が大難《だいなん》を加《くわ》えたことなど、これらは経文《きょうもん》に「仏がいらっしゃる間ですら怨嫉《おんしつ》が多い（如来現在《にょらいげんざい》・猶多怨嫉《ゆたおんしつ》）」と説《と》かれる小難です。「ましてや仏が亡《な》くなられた後は、なおさらである（況滅度後《きょうめつどご》）」という大難には、[4]竜樹《りゅうじゅ》・[5]天親《てんじん》・天台《てんだい》・伝教《でんぎょう》もまだ遭《あ》われていません。

では、これらの人々は[6]法華経の行者《ぎょうじゃ》ではないのかと言えば、どうして行者でないことがありましょうか。また行者であると言おうとすれば、仏のように身《み》から血を流《なが》してはいません。ましてや仏に過《す》ぎるほどの大難はありません。これでは経文が、無意味《むいみ》であるかのようです。仏が説《と》いた

---

1 **外道** 仏教以外の教え、また、それを信じる者。

2 **波瑠璃王** 釈尊の時代の舎《しゃ》衛国《えいこく》の王。

3 **阿闍世王** マガダ国の王。釈尊と敵対した提婆達多《だいばだった》と親交し、釈尊を亡き者にしようとした。

4 **竜樹** 二〜三世紀のインドで、仏の教えを体系化し、大乗教を弘めた。

5 **天親** 四〜五世紀頃のインドで、多くの論を著《あらわ》した。世《せ》親《しん》ともいう。

6 **法華経の行者** 法華経の教えにしたがって修行し、法華経を弘める人のこと。

7 **いつわり** 御書本文は「虚《こ》

ことはすでに全《まった》くの[7]いつわりとなってしまいました。

ところが日蓮は二十七年の間、[8]弘長《こうちょう》元年五月十二日には伊豆《いず》の国へ流罪《るざい》、文永《ぶんえい》元年十一月十一日、頭に傷《きず》を受け、左の手を折《お》られました。同文永八年九月十二日、佐渡《さど》の国へ流罪が決まり、また頸《くび》の座（死刑《しけい》の場《ば》）に臨《のぞ》んだのです。その他に弟子《でし》を殺《ころ》され、切られ、追放《ついほう》、罰金《ばっきん》などは、数知れません。仏《ほとけ》の大難《だいなん》に及《およ》ぶか勝《まさ》っているか、それはわかりません。竜樹《りゅうじゅ》・天親《てんじん》・天台《てんだい》・伝教《でんぎょう》は、私と肩を並《なら》べることは難《むずか》しいのです。

もし日蓮が[9]末法《まっぽう》に出現《しゅつげん》しなければ、仏は大うそつきの人となり、[10]多宝如来《たほうにょらい》と[11]十方《じっぽう》の諸仏《しょぶつ》は全くいつわりの証明《しょうめい》をしたことになってしまうのです。仏滅後《めつご》二千二百三十余年《よねん》の間、世界中で仏の御言葉を助けた人は、ただ日蓮一人だけ

妄《もう》」。真実でないこと。うそ、偽《いつわ》り。

8 弘長元年…… 以下、大聖人があわれた大難が挙《あ》げられている。＊

9 末法 釈尊が亡くなった後（滅後）を、正法・像法・末法という三つの時代に分けたうちの三番目。滅後二千年以後を指す。釈尊の仏法の力がなくなり、その中で争いが絶えない時代となる。この時代に、真の大仏法が興隆《こうりゅう》する。

10 多宝如来 法華経の説法の場に巨大な「宝の塔」とともに出現し、釈尊の説く法華経が真実であることを証明した。

11 十方の諸仏 全宇宙から集まった仏。＊

です。
[1]過去も現在も、末法《まっぽう》の法華経の行者《ぎょうじゃ》を軽蔑《けいべつ》し、賤《いや》しめる王やその家臣《かしん》、そして国中の人々は、初めのうちは何もないようであっても、最後は滅《ほろ》びないものはありません。日蓮の場合《ばあい》もまた同じです。
今に至《いた》る二十七年の間、始めは日蓮を軽蔑《けいべつ》し、賤《いや》しめた人々に対して、諸天《しょてん》の[2]治罰《ちばつ》がないようでしたが、法華経守《しゅ》護《ご》を誓《ちか》った[3]梵天《ぼんてん》・帝釈《たいしゃく》・日天《にってん》・月天《がってん》・四天王《してんのう》等が、そのまま法華経の行者を守護しなければ、仏《ほとけ》の前で立てた誓いが嘘《うそ》になり、[4]無間地獄《むけんじごく》に堕《お》ちてしまうだろうと恐《おそ》ろしく思って、今はそれぞれ励《はげ》んでいるのでしょう。[5]大田親昌《ちかまさ》、長崎次郎兵衛尉時綱《じろうひょうえのじょうときつな》、大進房《だいしんぼう》の落馬《らくば》したことなどは、法華経の罰《ばち》が現《あらわ》れたのでしょうか。

---

1 **過去も現在も……** ここで「末法の法華経の行者」とは、さまざまな仏の、それぞれの末法時の出来事を指す。例えば、過去の威音王仏《いおんのうぶつ》の末法時代に入る直前に、不軽菩薩が出現し、迫害の中、法華経を弘めた。

2 **治罰** 悪を罰し、ただすこと。

3 **梵天・帝釈・日天・月天・四天王等** 法華経の行者を守護する諸天善神。本書一四ページ参照。

4 **無間地獄** 間断なく大きな苦しみを受ける地獄。仏法を破壊しようとした者が堕《お》ちる阿鼻地獄。

5 **大田親昌、長崎次郎兵衛**

罰《ばち》には総罰[6]・別罰・顕罰《けん》・冥罰《みよう》の四つがあります。日本国の大疫病《だいえきびよう》と大飢饉《だいききん》と内乱[7]《ないらん》と他国から攻《せ》められるのは総罰です。疫病は冥罰です。大田たちは現罰、別罰です。日蓮門下《もんか》の一人一人は、師子王《ししおう》の心を取り出して、どんなに人が脅《おど》してもひるむことがあってはなりません。師子王は百獣《ひやくじゆう》を恐《おそ》れません。師子王の子もまた同じです。彼等は狐《きつね》などが吼《ほ》えているようなものです。日蓮の一門は師子が吼えているのです。

故・北条時頼[8]《ほうじようときより》殿が日蓮（の伊豆流罪《いずるざい》）を赦免《しやめん》したことと、北条時宗[9]《ときむね》殿が（佐渡《さど》流罪を）赦免したこととは、日蓮に罪《つみ》はなく人の讒言[10]《ざんげん》によるものだったと知ったからです。今は、どのように人が言っても、よく事情《じじよう》を聞いたうえでなければ、人の讒言は用《もち》いられないでしょう。

尉時綱、**大進房** 大聖人門下を迫害した人々。＊

6 総罰・別罰・顕罰・冥罰 それぞれ、社会全体が受ける罰、正法を軽んじた人が個別に受ける罰、表面にはっきり現れる罰、表面に現れず知らず知らずのうちに受ける罰。

7 内乱と他国から攻められる 北条時輔《ときすけ》の乱と蒙古襲来のこと。

8 北条時頼 鎌倉幕府第五代執権《しつけん》（執権とは事実上の最高権力者）。

9 北条時宗 時頼の子。第八代執権。

10 讒言 事実を曲げ、偽《いつわ》って人を悪く言うこと。

たとえ大鬼神《だいきじん》[1]が付《つ》いた人であっても、日蓮を梵天《ぼんてん》・帝《たい》釈《しゃく》・日天《にってん》・月天《がってん》・四天王《してんのう》等や天照太神《てんしょうだいじん》[2]・八幡大菩薩《はちまんだいぼさつ》が守護《しゅご》しているゆえに、罰《ばっ》することは難《むずか》しいと知りなさい。月々・日々に信心を強めていきなさい。わずかでもおこたる心があれば、魔《ま》がつけこんでくるでしょう。

私たち凡夫《ぼんぷ》のおろかさは、経論《きょうろん》[3]に説《と》かれていることと、遠《とお》くで起《お》きていることには、恐《おそ》れる心がありません。必《かなら》ず、平左衛門尉頼綱《へいのさえもんのじょうよりつな》[4]らや安達泰盛《あだちやすもり》[5]らも怒《いか》って、日蓮の一門を容赦《ようしゃ》なく迫害《はくがい》することも起こるでしょう。その時は眼を固《かた》くつむって覚悟《かくご》しなさい。

今（蒙古《もうこ》を迎《むか》え討《う》つために）筑紫《つくし》[6]へ遣《つか》わされようとしている人々、またすでに向かっている人々、また筑紫で蒙古を迎え討とうとしている人々のことを我が身《み》にひきあてな

---

1 **大鬼神** ここでは悪鬼のはたらきをいう。＊

2 **天照太神・八幡大菩薩** いずれも、日本の神々。仏教では、仏法を守護する善神の一つとされる。

3 **経論** 経とは仏の説いたもの。論とは、後世の弟子、学者がそこから展開したもの。

4 **平左衛門尉頼綱** 執権《しっけん》北条氏の内管領《ないかんれい》（家司）で、当時、侍所《さむらいどころ》所司の職にあり、幕府内の実力者。大聖人を弾圧した張本人。

5 **安達泰盛** 祖父が幕府創設の功労者。鎌倉幕府の権力者の一人。

6 **筑紫** 九州とりわけ現在の福岡県を中心とする北部一

さい。今までは、日蓮の一門にこのような嘆《なげ》きはありませんでした。彼らは、現在はこのような苦《くる》しみにあい、殺《ころ》されればまた地獄《じごく》へ行くのです。私たちは、現在はこの大難《だいなん》に遭《あ》っていても来世《らいせ》は仏《ほとけ》になるのです。譬《たと》えば灸治《やいと》[7]のようなもので、その時は痛《いた》いけれども後のための薬《くすり》となるので、痛くても痛くないのです。

あの熱原《あつはら》[8]の仏法をまだ良く知らない者たちに対しては、言い励《はげ》まして、脅《おど》すことがあってはなりません。

彼らには「ただひたすら覚悟《かくご》を決めなさい。（今の状況《じょうきょう》が）良くなるのは不思議《ふしぎ》であり、悪《わる》くなるのは当然《とうぜん》であると思いなさい」と言いなさい。

「ひもじい」と思うようなら餓鬼道《がきどう》[9]を教《おし》えなさい。「寒《さむ》い」と言うようなら、八寒地獄《はっかんじごく》[10]を教《おし》えなさい。

帯。蒙古襲来の当時、ここが日本の防衛ラインだった。

7 **灸治** 漢方の治療法の一つである灸のこと。熱の刺激によって病気を治す。

8 **熱原の仏法をまだ良く知らない者** 熱原の入信まもない農民信徒のこと。＊

9 **餓鬼道** 餓鬼は常に飢渇《きかつ》の苦の状態にある鬼。この餓鬼世界に堕《お》ちること。十界論で言えば欲望に支配されたむさぼりの生命状態。

10 **八寒地獄** 地獄のうち、八種の極寒の地獄界をいう。

「恐《おそ》ろしい」と言うようなら「鷹《たか》に遭《あ》った雉《きじ》、猫《ねこ》に遭った鼠《ねずみ》を他人事《たにんごと》と思ってはならない」と言いなさい。

このようにこまごまと書いたことは、年々・月々・日々に言ってきたことであるけれども、名越《なごえ》の尼《あま》・少輔房《しょうぼう》・能登《のと》房・三位《さんみ》房などのように、臆病《おくびょう》で教《おし》えを心に刻《きざ》まず、欲《よく》が深くて、疑《うたが》い多い者どもは、漆《うるし》の塗《ぬ》り物《もの》に水をかけて、空中に振《ふ》って水が落《お》ちるようなもの（教えたことが何にも残っていない）なのです。[1]

三位房のことは本当にいぶかしく思うことがありましたけれども、（それを言うと）あなた方の思いとしては「三位房のような智慧《ちえ》ある者を（師匠《ししょう》が）嫉《ねた》んでおられるのではないか」と、愚《おろ》かな人々なら考えるだろうと思って、何も言わないでいたのですが、ついに悪心《あくしん》を起《お》こして大きな[2]

---

1 **名越の尼・少輔房・能登房・三位房** はじめは大聖人の門下であったが、後に退転した人々。＊

2 **いぶかしく** 理解に苦しむこと。不審《ふしん》に思う。疑わしいこと。

報《むく》いを受けたのです。かえって厳《きび》しく叱《しか》っていたならば、助《たす》かることもあったかもしれません。しかし、あまりのいぶかしさに言わなかったのです。

また、このように言えば、愚《おろ》かな人たちは「死《し》んだ人のことを、とやかく言っておられる」と言うでしょう。しかし、3鏡《かがみ》として言っておきます。また、この事（三位房《さんみぼう》の死）は、あの（大聖人一門を迫害《はくがい》した）人々も、内心では怖《お》じ恐《おそ》れているであろうと思います。

「人々が騒《さわ》ぐから」と、4軍勢《ぐんぜい》を日蓮の一門の人々に向けるようなことがあったら、私へ手紙で知らせてください。

恐々謹言《きょうきょうきんげん》。

十月一日　　　　日　蓮　花押《かおう》

人々御中《おんちゅう》

---

3 **鏡**　ありのままを写《うつ》し出すことから、手本・戒《いまし》めなどの意味で使われる。ここでは後の戒めの意味。

4 **軍勢を日蓮の一門……**　＊

（この手紙は）三郎左衛門殿《さぶろうざえもんどの》（四条金吾《しじょうきんご》）のもとにとどめておきなさい。

補注

43 **天台大師** 五三八年～五九七年。中国南北朝時代の人。智者大師《ちしゃだいし》、あるいは智顗《ちぎ》ともいう。中国天台宗《てんだい》の開祖《かいそ》。当時盛《さか》んであった南三北七《なんさんほくしち》（仏教の十宗派）の誤《あやま》った教義《きょうぎ》を破折《はしゃく》して、法華経を依経《えきょう》とした五時八教の教判《きょうはん》を確立《かくりつ》した。天台大師は、法華三大部とよばれる『法華玄義《げんぎ》』『法華文句《もんぐ》』『摩訶止観《まかしかん》』を講述《こうじゅつ》し、一念三千《いちねんさんぜん》の法門を立てた。

43 **伝教大師** 七六七年（または七六六年）～八二二年。日本天台宗《てんだい》の開祖《かいそ》。中国天台の教《おし》えを信奉《しんぽう》し、華厳《けごん》・法相《ほっそう》・三論《さんろん》宗などの僧《そう》と法論《ほうろん》し、法華経の卓越性《たくえつせい》を示《しめ》した。伝教《でんぎょう》の死後《しご》、法華経への帰依《きえ》を誓《ちか》う法華一乗《いちじょう》の戒壇《かいだん》が延暦寺《えんりゃくじ》に建立《こんりゅう》された。

43 **出世の本懐** 釈尊《しゃくそん》は成道後《じょうどうご》、四十余年間、諸々の経を説《と》き、その後の八年間で法華経を説《と》いた。法華経を説くことが釈尊《しゃくそん》の出世《しゅっせ》の本懐《ほんかい》であった。天台《てんだい》は、二十三歳で法華経を究《きわ》め、その極理《ごくり》である一念三千《いちねんさんぜん》の法門を三十余年後の五十七歳の時、『摩訶止観《まかしかん》』を講《こう》じて明《あき》らかにした。伝教《でんぎょう》は、延暦《えんりゃく》二十三年（八〇四年）に唐《とう》に渡《わた》って道邃《どうずい》から天台仏法を伝授《でんじゅ》されて帰国した後、円頓戒壇《えんとんかいだん》の建立《こんりゅう》に尽力《じんりょく》し、二十余年後、その没後《ぼつご》に天台法華宗の戒壇が建立された。日蓮大聖人は、「余《よ》は二十七年なり」と仰《おお》せのとおり、立宗宣《りっしゅうせん》言《げん》から二十七年目に相当《そうとう》する弘安《こうあん》二年十月十二日、すなわち本抄を著《あらわ》された十一日後に、一閻浮提総与《いちえんぶだいそうよ》の大御本尊を建立されて、「出世の本懐」を果《は》たされた。

[43] **「しかもこの経……」**　法華経法師品《ほっしほん》第十（章）に「而《しか》も此《こ》の経は、如来《にょらい》の現在すら、猶怨嫉《なおおんしつ》多し。況《いわ》んや滅度《めつど》の後をや」（開結三九〇ページ）とある。釈尊《しゃくそん》が生きている時代にすら、法華経を説《と》き弘《ひろ》めることによって難《なん》を受けた。ましてや釈尊の亡《な》くなった後（滅後《めつご》）に法華経を弘める者は、さらに大きい難を受けるとの意味。日蓮大聖人は御自身こそ、この文に当たっていることを述《の》べられている。

[43] **馬の麦を食べて……**　釈尊《しゃくそん》が受けた九つの大難《だいなん》（九横《くおう》の大難）の一つ。釈尊とその弟《で》子《し》五百人が阿耆多王《あぎたおう》に招《まね》かれたが、王が遊楽《ゆうらく》にふけり供養《くよう》を忘《わす》れたため、九十日間、馬

が食べる麦を食べて命《いのち》をつないだ。

45 **弘長元年……** 大聖人御自身が受けられた大難《だいなん》が挙《あ》げられている。

〈伊豆流罪《いずるざい》〉弘長《こうちょう》元年（一二六一年）五月十二日から弘長三年（一二六三年）二月二十二日まで、幕府《ばくふ》は大聖人を伊豆へ流罪。

〈小松原《こまつばら》の法難《ほうなん》〉文永《ぶんえい》元年（一二六四年）十一月十一日、大聖人の一行《いっこう》が、安房《あわ》の国天津《あまつ》（現在の天津小湊町一帯）の工藤吉隆邸《よしたかてい》へ向かう途中《とちゅう》、小松原において地頭《じとう》・東条景信《とうじょうかげのぶ》の軍《ぐん》勢《ぜい》に襲撃《しゅうげき》された。この時の戦闘《せんとう》によって弟子《でし》の鏡忍房《きょうにんぼう》と工藤吉隆が死亡《しぼう》し、大聖人御自身も額《ひたい》に傷《きず》を負《お》い、左の手を折《お》られた。

〈竜《たつ》の口《くち》の法難〉文永八年（一二七一年）九月十二日、平左衛門尉《へいのさえもんのじょう》が大聖人を捕縛《ほばく》。この深夜、平左衛門尉は内々に大聖人を処刑《しょけい》しようと竜の口の刑場《けいじょう》に連行《れんこう》させて頸《くび》をはねようと企《たくら》んだ。

〈佐渡《さど》流罪〉大聖人の処刑に失敗《しっぱい》した幕府は、大聖人を佐渡へ流罪。文永八年（一二七一年）十一月一日に佐渡の塚原《つかはら》に着《つ》いて以来、文永十一年（一二七四年）三月十三日に赦免《しゃめん》されて佐渡を発《た》つまで約二年半、流人《るにん》生活をされた。

45 **十方の諸仏**　十方《じっぽう》は、東・西・南・北の四方と東南・西南・東北・西北の四維《しい》と上・下の十方向。法華経には十方のあらゆる仏《ほとけ》が、釈尊《しゃくそん》の説法《せっぽう》の場《ば》に集《つど》うことが述《の》べられている。

46 **大田親昌、長崎次郎兵衛尉時綱、大進房**　大田親昌《ちかまさ》は伝不詳《ふしょう》。駿河《するが》の国（現在の静岡県）の賀島《かじま》方面の人という説《せつ》もある。長崎次郎兵衛尉時綱《じろうひょうえのじょうときつな》も伝不詳。初めは日蓮大聖人の弟子《でし》であったが退転《たいてん》し、大聖人に反逆《はんぎゃく》したとされる。大進房は、熱原《あつはら》の法難《ほうなん》の時に、大聖人門下《もんか》を迫害《はくがい》し、落馬《らくば》して横死《おうし》した。

48 **大鬼神**　鬼は善鬼《ぜんき》と悪鬼《あっき》があるが、ここは大悪鬼。悪鬼とは、人々の判断《はんだん》を狂《くる》わせる働《はたら》きをいい、「大鬼神が付《つ》いた人」とは、ここでは、強力な権力《けんりょく》、武力をもって誤《あやま》った判断のもと、法華経を持《たも》った人を迫害《はくがい》しようとする人々を指《さ》す。

49 **熱原の仏法をまだ良く知らない者**　御書本文は「あつわら《熱原》の愚癡《ぐち》の者ども」。「愚癡」というのは、まだ信心して日が浅《あさ》く、仏法がまだよく分《わ》かっていないという意味。愚癡本来の意味は、癡《おろか》ということだが、大聖人が、信心未熟《みじゅく》な信徒《しんと》たちの一人一人を絶対《ぜったい》に退転《たいてん》させてはなるものかとの思いで、こう書かれたものと拝《はい》される。実際には、熱原《あつはら》の農民信徒《しんと》の不惜《ふしゃく》の信心によって、大聖人は時の到来《とうらい》を感じられ出世《しゅっせ》の本懐《ほんかい》を遂《と》げられるのである。大聖人は、法難《ほうなん》を受けた、この農民信徒たちの信心について「偏《ひとえ》に只事《ただごと》に非《あら》ず」（御書一四五五ジペー）と仰《おお》せられ、その不惜身命の信心を称《たた》えられている。

50 **名越の尼・少輔房・能登房・三位房**　名越《なごえ》の尼《あま》は、竜《たつ》の口《くち》の法難《ほうなん》の頃、あるいはそれ以前に退転《たいてん》したと見られる元信徒《もとしんと》。名越朝時《ともとき》の妻、領家《りょうけ》の尼（大尼）と同一人物との説《せつ》もあるが、別人と思われる。少輔房《しょうぼう》は、初めは大聖人の門下《もんか》であったが、伊豆流罪《いずるざい》の時ごろから退転して、大聖人に敵対《てきたい》したとされる。能登房《のと》についても、「四条金吾殿御返事《しじょうきんごどのごへんじ》」（御書一一六八ジペー）に退転して法罰《ほうばち》を受けたことが記《しる》されている。三位房《さんみ》（日行《にちぎょう》）は、下総《しもうさ》（現在の千葉県）の出身《しゅっしん》で、早くから大聖人の門下に入った。諸宗問答《しょしゅうもんどう》の任《にん》などに重く用《もち》いられ活躍《かつやく》したが、才知《さいち》におぼれ、大聖人の指導に背《そむ》くことがあり、訓戒《くんかい》を受けていた。熱原《あつはら》の法難の頃に退転し、不慮《ふりょ》の死《し》をとげたと推定《すいてい》される。

51 **軍勢を日蓮の一門……**　この御文《ごもん》について「兵役《へいえき》を日蓮の一門の人々に課《か》するようなことがあれば、私へ手紙で知らせてください」という解釈もある。

背景と大意

熱原《あつはら》の法難《ほうなん》――民衆仏法の開幕《かいまく》

本抄は、弘安《こうあん》二年（一二七九年）十月一日、日蓮大聖人が五十八歳の御時《おんとき》、身延《みのぶ》で認《したた》められ、四条金吾《しじょうきんご》を通して門下《もんか》一同に与《あた》えられたお手紙です。

また、日蓮大聖人が末法《まっぽう》の御本仏《ごほんぶつ》として出世《しゅっせ》の本懐《ほんかい》を遂《と》げられる宣言《せんげん》をされた重要《じゅうよう》な御書でもあります。

本抄は、熱原の法難の渦中《かちゅう》に認められました。

大聖人の身延入山後《にゅうざんご》、駿河《するが》国（現在の静岡県）富士郡一帯は、日興上人《にっこうしょうにん》を中心として、果《か》敢《かん》に折伏《しゃくぶく》・弘教《ぐきょう》が展開《てんかい》され、入信する人が相次《あいつ》ぎました。

特に、熱原郷（静岡県富士市の一部）の天台宗滝泉寺《てんだいしゅうりゅうせんじ》の僧侶《そうりょ》である日秀《にっしゅう》、日弁《にちべん》、日禅《にちぜん》らが、日興上人《にっこうしょうにん》の折伏《しゃくぶく》によって大聖人の門下《もんか》となり、その活躍《かつやく》によって、多くの農民信徒《しんと》が誕生《たんじょう》しました。

その勢《いきお》いに恐《おそ》れをなした天台宗滝泉寺《てんだいしゅうりゅうせんじ》の院主代《いんしゅだい》・行智《ぎょうち》らは、日秀《にっしゅう》らを追放《ついほう》し、農民信徒《しんと》に種々の弾圧《だんあつ》を加《くわ》えてきました。

弘安《こうあん》二年九月二十一日、稲刈《いねか》りの最中《さいちゅう》に、神四郎《じんしろう》をはじめとする農民信徒二十人が役人たちに襲《おそ》われ、捕《と》らえられました。

「稲を盗《ぬす》んだ」という事実無根《じじつむこん》の罪《つみ》をきせられ、神四郎たちは、鎌倉《かまくら》に連行《れんこう》されてしまいます。

取《と》り調《しら》べは平左衛門尉《へいのさえもんのじょう》の私邸《してい》で行《おこな》われ、法華経の題目を捨《す》てて念仏《ねんぶつ》を唱《とな》えるよう迫《せま》られただけでなく過酷《かこく》な拷問《ごうもん》まで加えられたのです。しかし、信徒たちは一歩も引かず、題目を唱え抜《ぬ》いて不惜身命《ふしゃくしんみょう》の姿勢《しせい》を貫《つらぬ》きました。

ついに平左衛門尉は、中心者の神四郎・弥五郎《やごろう》・弥六郎《やろくろう》の兄弟三人を斬首《ざんしゅ》、残る十七人は追放となりました(処刑《しょけい》は、弘安二年十月十五日、あるいは翌年《よくねん》四月と推定《すいてい》されています)。

まさしく、この熱原《あつはら》の法難《ほうなん》は、民衆《みんしゅう》が仏法を持《たも》ち抜き、いかなる権力《けんりょく》の弾圧もはねかえす不屈《ふくつ》の信念《しんねん》に生き抜いた出来事として、永遠《えいえん》に民衆の歴史《れきし》に刻《きざ》まれていくに違《ちが》いありません。

本抄は、九月二十一日に事件が起《お》こり、その直後《ちょくご》の緊迫《きんぱく》したなかで、農民信徒《しんと》が不惜《ふしゃく》の信心を貫《つらぬ》く姿《すがた》に、大聖人が出世《しゅっせ》の本懐《ほんかい》を遂《と》げるべき時が到来《とうらい》したことを感じられ、それを門下《もんか》に宣言《せんげん》された御書です。

最初に、釈尊《しゃくそん》・天台《てんだい》・伝教《でんぎょう》の出世の本懐までの年数を挙《あ》げ、大聖人御自身は「二十七年」目にして、出世の本懐を遂げるべき時が来たことを宣言されています。

次に、法華経法師品《ほっしほん》第十の「猶多怨嫉《ゆたおんしつ》・況滅度後《きょうめつどご》」の大難《だいなん》を、末法《まっぽう》に受けたのは大聖人お一人であることを明《あ》かされ、大聖人こそが末法の御本仏《ごほんぶつ》にほかならないことを示《しめ》されています。

さらに、法華経の行者《ぎょうじゃ》を迫害《はくがい》した罰《ばち》の現証《げんしょう》を挙げ、大難を恐《おそ》れず師子王《ししおう》のごとく奮《ふる》い立ち、強盛《ごうじょう》な信心に励《はげ》むよう激励《げきれい》されています。

また、法難《ほうなん》に対する心構《こころがま》えを示され、必死《ひっし》に戦《たたか》っている熱原《あつはら》の信徒たちを激励するように指示《しじ》され、最後に三位房《さんみぼう》たちの例を引かれて退転《たいてん》をいましめています。

研さんのポイント

「出世《しゅっせ》の本懐《ほんかい》」を遂《と》げるとの大宣言

仏《ほとけ》は四十余年《よねん》・天台大師《てんだいだいし》は三十余年・伝教《でんぎょう》大師は二十余年に出世の本懐を遂げ給《たま》う、其中《そのなか》の大難《だいなん》申す計《ばか》りなし先先《さきざき》に申すがごとし、余《よ》は二十七年なり

釈尊《しゃくそん》をはじめ、天台、伝教がそれぞれ「出世の本懐」を遂げるのに要《よう》した年数を挙《あ》げられ、「私は二十七年です（余は二十七年なり）」と、日蓮大聖人が建長《けんちょう》五年（一二五三年）四月二十八日の立宗宣言《りっしゅうせんげん》から二十七年目にして、出世の本懐を遂げられることを宣言されている最《もっと》も重要《じゅうよう》な御文《ごもん》です。

「出世《しゅっせ》の本懐《ほんかい》」とは、仏《ほとけ》が世《よ》に出現《しゅつげん》した根本《こんぽん》の目的という意味です。大聖人にとっての出世の本懐とは、末法万年《まっぽうまんねん》にわたる全世界・全人類《ぜんじんるい》の幸福のために、一閻浮提総与《いちえんぶだいそうよ》の大御本尊を御図顕《ごずけん》することにありました。

大聖人が立宗宣言《りっしゅうせんげん》されてからの二十七年間は、命《いのち》に及《およ》ぶような迫害《はくがい》の連続《れんぞく》でした。しかし、大聖人は、一切衆生《いっさいしゅじょう》を救《すく》うために、どのような難《なん》が起《お》ころうと、いかなる権威《けんい》・権力《けんりょく》に屈《くつ》することもありませんでした。

そして、熱原《あつはら》の法難《ほうなん》にあって、入信してわずかの年数しかたっていない農民信徒《しんと》たちが、悪侶《あくりょ》と結託《けったく》をした権力者・平左衛門尉《へいのさえもんのじょう》による脅迫《きょうはく》にも屈せず、身命《しんみょう》を賭《と》して信心を貫《つらぬ》き通《とお》したのです。

二十七年に及ぶ大聖人の不惜身命《ふしゃくしんみょう》の御化導《ごけどう》において、その精神を受け継《つ》いだ弟子《でし》が出《しゅっ》現《げん》したことに、大聖人は熱原の法難の重大な「意義《いぎ》」と「時」を感じられ、本抄で、「出世の本懐」である大御本尊建立《こんりゅう》の日が近いことを宣言され、その直後《ちょくご》の弘安《こうあん》二年十月十二日に一閻浮提総与の大御本尊を御建立されました。

釈尊《しゃくそん》の経文を証明した日蓮大聖人

竜樹《りゅうじゅ》・天親《てんじん》・天台《てんだい》・伝教《でんぎょう》は余《よ》に肩を並《なら》べがたし、日蓮末法《まっぽう》に出《い》でずば仏《ほとけ》は大妄語《だいもうご》の人・多宝《たほう》・十方《じっぽう》の諸仏《しょぶつ》は大虚妄《だいこもう》の証明なり、仏滅後《めつご》二千二百三十余年が間・一閻浮提《いちえんぶだい》の内に仏の御言《みことば》を助《たす》けたる人・但《ただ》日蓮一人なり

法華経を持《たも》てば、大難《だいなん》が必《かなら》ず起《お》こります。

しかも法華経法師品《ほっしほん》第十には、「況滅度後《きょうめつどご》」と説《と》かれ、釈尊滅後の末法において法華経を弘《ひろ》めれば、必ず釈尊在世《ざいせ》の難を超《こ》える大難が競《きそ》い起こることが予言《よげん》されています。

しかし、竜樹、天親、天台、伝教も、釈尊在世を超える大難は受けていません。それでは、「況滅度後」と説いた法華経が大妄語となってしまうではないか、と日蓮大聖人は仰《おお》

せられています。

大聖人は本抄で、二十七年間にうけた数々の難《なん》を挙《あ》げられ、御自身が釈尊在世《しゃくそんざいせ》をはるかに超《こ》える大難《だいなん》を受けたと仰《おお》せです。

すなわち「況滅度後《きょうめつどご》」の言葉を「現実の言葉」としたのは、大聖人お一人であると断言《だんげん》されているのです。まさに、〝法華経が大聖人を証明《しょうめい》した〟のではなく、〝大聖人の戦《たたか》いによって、法華経が真実《しんじつ》であることが証明された〟のです。

法難《ほうなん》の渦中《かちゅう》にあった熱原《あつはら》の弟子《でし》たちにとってみれば、「世界中で仏《ほとけ》の御言葉を助《たす》けた人は、ただ日蓮一人だけです」との大聖人の大獅子吼《だいししく》によって、どれほどの勇気《ゆうき》と確信がわいたか計《はか》り知れません。

この原理《げんり》は今も変《か》わりません。日蓮大聖人の世界広宣流布の御金言《ごきんげん》を現実に証明したのは創価学会です。

また、日蓮大聖人が全民衆救済《きゅうさい》のために御本尊を御図顕《ごずけん》された精神は、広宣流布に戦い抜く創価学会の信心の中にのみ現《あらわ》れていることを確信していきましょう。

厳然《げんぜん》と因果《いんが》の理法《りほう》が存在する

過去現在の末法《まっぽう》の法華経の行者《ぎょうじゃ》を軽賤《きょうせん》する王臣万民《おうしんばんみん》始めは事なきやうにて終《つい》にほろびざるは候《そうら》はず、日蓮又かくのごとし

法華経の行者を迫害《はくがい》する人は、初めは何事《なにごと》もないようであっても、最後はどんな人も法罰《ほうばち》をうけて滅《ほろ》びていく、という厳《きび》しい因果の理法を、日蓮大聖人は深い確信《かくしん》をもって述《の》べられています。この因果の理法からは、いかに高い身分《みぶん》があり強い権力《けんりょく》を握《にぎ》っていようと、また、どんな立場《たちば》の人であろうと、逃《のが》れることはできないのです。

平左衛門尉《へいのさえもんのじょう》は熱原《あつはら》の法難《ほうなん》の後、執権《しっけん》をしのぐほどに幕府《ばくふ》の実権《じっけん》を握り、恐怖《きょうふ》政治を敷《し》きました。しかし大聖人一門を弾圧《だんあつ》した平左衛門尉一族の末路《まつろ》は悲惨《ひさん》なものでした。

大聖人御入滅《ごにゅうめつ》から十一年目の永仁《えいにん》元年（一二九三年）四月、平左衛門尉は反逆《はんぎゃく》の陰謀《いんぼう》を

めぐらしていました。しかし、長男・宗綱《むねつな》が執権《しっけん》の北条貞時《ほうじょうさだとき》に「父は次男・資宗《すけむね》を将軍《しょうぐん》にしようとたくらんでいる」と直訴《じきそ》し、陰謀《いんぼう》が発覚《はっかく》します。そして貞時の兵により、平左衛《へいのさえ》門尉《もんのじょう》と次男の資宗は、かつて熱原《あつはら》の三烈士《さんれつし》を処刑《しょけい》した、まさにその屋敷《やしき》に火を放《はな》たれ自《じ》害《がい》しました。また、密告《みっこく》した長男・宗綱も、父と弟を訴《うった》えた「不孝《ふこう》の者」として処罰《しょばつ》され、大聖人が流罪《るざい》されていた佐渡《さど》へ流刑《るけい》となりました。大聖人を迫害《はくがい》した鎌倉幕府《かまくらばくふ》も自界《じかい》叛逆難《ほんぎゃくなん》、他国侵逼難《たこくしんぴつなん》が引きがねとなって滅亡《めつぼう》していきます。日興上人《にっこうしょうにん》は「これただ事にあらず、法華の現罰《げんばち》を蒙《こうむ》れり」と記《しる》されています。

この事実は、「因果《いんが》の理法《りほう》」の厳《きび》しさを、あまりにも明《あき》らかに示《しめ》しているのです。

「師《し》子《し》王《おう》の心」とは勇気と正義の心

各各《おのおの》師子王の心を取り出《いだ》して・いかに人をどすともをづる事なかれ、師子王は百獣《ひやくじゆう》にをぢず・師子の子・又かくのごとしどんなに強大《きょうだい》な権威《けんい》・権力《けんりょく》による迫害《はくがい》のさなかにあっても、身命《しんみょう》を惜《お》しまず師弟不二《していふに》の精神で戦《たたか》っていきなさい、と述《の》べられている御文《ごもん》です。

「日蓮門下《もんか》の一人一人は、師子王《ししおう》の心を取り出して」という言葉は、自身の胸中《きょうちゅう》にある「師子王の心」を〝取り出して〟いきなさい、という意味です。

「師子王の心」とは、恐《おそ》れることなく敢然《かんぜん》と諸悪《しょあく》と戦《たたか》う「勇気《ゆうき》の心」であり、また仏法を護《まも》り、民衆《みんしゅう》を守《まも》る「正義《せいぎ》の心」です。

そして、この「師子王の心」は、本来、どんな人の胸中にもあります。ひたぶるな祈《いの》りがあれば、取り出すことができるのです。

日蓮大聖人は、どんな迫害があっても、今こそ、自分の胸中にある師子王の心を〝取り出して〟迫害に立ち向かっていけば、何も恐れることはない、と激励《げきれい》されています。

また「師子王」とは大聖人のことです。法難《ほうなん》にあって、大聖人が「野干《やかん》（キツネの類《たぐ》い）」である権力等の魔性《ましょう》に一歩も退《しりぞ》かれなかったように、「師子の子」である弟子《でし》もまた絶対《ぜったい》に負《ま》けてはいけないのです。

仏法では、師と弟子が「ともに」叫《さけ》んでこそ「師子吼《ししく》」となります。師が正義を叫べば、弟子《でし》も正義《せいぎ》を叫《さけ》び抜《ぬ》いていく。これが師弟不二《していふに》の「師子吼《ししく》」の本義《ほんぎ》です。

瞬間《しゅんかん》瞬間が仏《ほとけ》と魔《ま》との戦い

月月・日日につより《強》給《たま》へ・すこしもたゆむ《撓》心あらば魔たよりをうべし

研さんのポイント

緊迫《きんぱく》した状況《じょうきょう》にある門下《もんか》たちに〝絶対《ぜったい》に信心の心をゆるめてはいけない〟と大慈大悲《だいじだいひ》の心で、強く激励《げきれい》をされています。

仏法は間断《かんだん》なき、仏と魔との戦《たたか》いであり、仏道修行《ぶつどうしゅぎょう》が進めば進むほど、成仏《じょうぶつ》を阻《はば》もうとする魔も強くなります。私たちが一生成仏《いっしょうじょうぶつ》の境涯《きょうがい》を得《え》るには、魔を打破《だは》する強い信心が必要《ひつよう》です。

魔は誰の生命にも潜《ひそ》んでいます。油断《ゆだん》が生《しょう》じ、惰性《だせい》に陥《おちい》ると、たちまち魔が動き出し、身《み》を破《やぶ》っていきます。魔はいつもこちらの「隙《すき》」をうかがっているからです。少しでも油《ゆ》断《だん》があれば、その隙間《すきま》から魔《ま》は侵入《しんにゅう》してきます。

ですから、常《つね》に「月々・日々に信心を強めていきなさい」と仰《おお》せのように、絶《た》えず前進していく信心によってしか、魔を破《やぶ》ることはできません。常に「さあ、いよいよこれから」という生き方を貫《つらぬ》くことが大切です。

難《なん》が起きた時こそ「覚悟《かくご》の信心」を

> 彼のあつわら《熱原》の愚癡《ぐち》の者ども・いゐはげまして《言励》・をどす事なかれ、彼等にはただ一えん《円》におもい切れ・よからん《善》は不思議《ふしぎ》わるからん《悪》は一定《いちじょう》とをもへ

ここで日蓮大聖人は、恐《おそ》れることなく立ち向かう「覚悟の信心」を教《おし》えられています。

当時、熱原《あつはら》の農民信徒《しんと》は、入信してから日も浅《あさ》く、まだ仏法の深い法理《ほうり》もよく分《わ》からないながらも、愚直《ぐちょく》に信心を貫いていました。またそれゆえに難を受けたともいえます。こ

のような純信《じゅんしん》な人々に対しては、どこまでも励《はげ》ましていって、決《けっ》して脅《おど》してはならないと四条金吾《しじょうきんご》をはじめ門下《もんか》たちに指導されています。

どこまでも「言い励まして」最大の激励《げきれい》をしていきなさい、との大聖人の御配慮《ごはいりょ》に「一人も退転《たいてん》させてはなるものか」との深い慈悲《じひ》がうかがえます。

そして、人生の一大事《いちだいじ》にあって大切なことは、覚悟《かくご》を決めることであると教《おし》えられています。「良くなるのは不思議《ふしぎ》であり、悪《わる》くなるのは当然《とうぜん》である」と、決して今の現状《げんじょう》を甘《あま》く見ずに、最悪《さいあく》の状況《じょうきょう》を予測《よそく》して、何事《なにごと》にも動じないように言いなさい、と示《しめ》されています。

「なんとか、良い方向に転じるのではないか」という、漠然《ばくぜん》とした期待《きたい》は、ともすると苦難《くなん》に立ち向かう厳《きび》しい姿勢《しせい》を崩《くず》してしまうものです。むしろ、大難《だいなん》を乗《の》り越《こ》えるためには、最悪の事態《じたい》に備《そな》えた「覚悟の信心」が大切です。

「此《こ》の経を持《たも》たん人は難《なん》に値《あ》うべしと心得《こころえ》て持つなり」（御書一一三六ジペー）と仰《おお》せのように、最高の正法《しょうほう》を行《ぎょう》ずる私たちに難が競《きそ》い起《お》こることは間違《まちが》いありません。その難と戦《たたか》ってこそ、全人類《ぜんじんるい》を救《すく》い、幸福にしていく広宣流布の道が洋々と開けていくのです。

難《なん》が起《お》こった時こそ、「いよいよ本物《ほんもの》の信心ができる時」と決め、心強く立ち向かっていきましょう。

退転者《たいてんしゃ》に共通する原因

> 月月・日日に申して候《そうら》へどもなごへ《名越》の尼《あま》せう《少輔》房《ぼう》・のと《能登》房・三位《さんみ》房なんどのやうに候《そうろう》、をくびやう《臆病》物をぼへず・よく《欲》ふかく《深》・うたがい多き者どもは・ぬれる《塗》うるし《漆》に水をかけそら《空》をきり《切》たるやうに候ぞ

ここでは、四人の退転者の名前をあげ、彼らに共通《きょうつう》する生命の本質《ほんしつ》を四つの角度から指《し》摘《てき》され、後世《こうせい》への戒《いまし》めとされています。

第一の「臆病《おくびょう》」とは、まわりの人々からの批判《ひはん》などに負《ま》け、信心を貫《つらぬ》く勇気《ゆうき》をなくすことです。

第二の「教《おし》えを心に刻《きざ》まず（物をぼへず）」とは、師匠《ししょう》が常《つね》に指導されていることを自《みずか》らの生命に刻まず、他人事《たにんごと》のように聞いて、すぐ忘《わす》れることです。

第三の「欲《よく》が深く」とは、自分の事しか考えず、目先《めさき》の利害《りがい》に迷《まよ》うことです。

第四の「疑《うたが》い多い」とは、我見《がけん》にとらわれて信心の確信《かくしん》がなく、御本尊に対し、疑念《ぎねん》をもっていることです。

漆《うるし》を塗《ぬ》った器《うつわ》であれば、いくら水をかけても、その器を空中で振《ふ》ることで、水は、はじけていきます。これと同じように、こうした退転者《たいてんしゃ》たちは、日蓮大聖人の教えを全《まった》く受け付《つ》けられず、生命に染《し》み込《こ》ませようとしないのです。ですから、いくら指導しても、本人自身の信心の成長がなく、結局、退転してしまうのです。

大聖人は、こうした教訓《きょうくん》を示《しめ》されることによって、反対に、信心を貫《つらぬ》くうえで大事なことを教えてくださっているといえます。

すなわち、信仰《しんこう》を貫き通す要諦《ようてい》は、第一に、どこまでも勇気《ゆうき》であり、第二に、師匠の心を生命に刻み、第三に、広宣流布という大目的に向かうこと、そして第四に、希望《きぼう》をもって前進することです。

日女御前御返事《にちにょごぜんごへんじ》

建治《けんじ》三年（一二七七年）
五十六歳御作
身延において
御書全集一二四三ページ

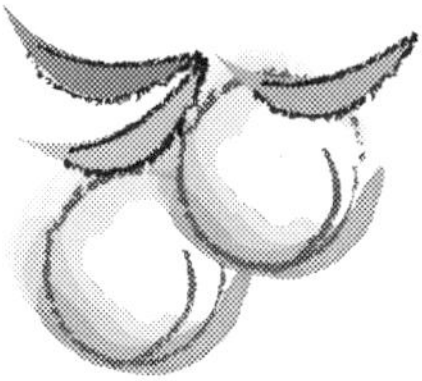

本文

御本尊供養《くよう》の御為《おんため》に鵞目《がもく》五貫《かん》・白米一駄《だ》・菓子《かし》其《そ》の数送り給び候《そうら》い畢《おわ》んぬ、抑《そもそも》此《こ》の御本尊は在世《ざいせ》五十年の中には八年・八年の間にも涌出品《ゆじゅっぽん》より属累品《ぞくるいほん》まで八品に顕《あらわ》れ給《たま》うなり、さて滅後《めつご》には正法《しょうほう》・像法《ぞうほう》・末法《まっぽう》の中には正像《しょうぞう》二千年には・いまだ本門の本尊と申す名だにもなし、何《いか》に況《いわん》や顕れ給はんをや又顕すべき人なし、天台妙楽《てんだいみょうらく》伝教《でんぎょう》等は内には鑒《かんが》み給へども故こそあるらめ言《ことば》には出《い》だし給はず、彼の顔淵《がんえん》が聞きし事・意《こころ》にはさとるといへども言に顕していはざるが如《ごと》し、然《しか》るに仏滅後二千年過《す》ぎて末法の始の五百年に出現《しゅつげん》せさせ給ふべき由経文《よしきょうもん》赫赫《かくかく》たり明明《めいめい》たり・天台妙楽等の解釈《かいしゃく》分明《ふんみょう》なり。

爰《ここ》に日蓮いかなる不思議《ふしぎ》にてや候《そうろう》らん竜樹天親《りゅうじゅてんじん》等・天台妙楽等だにも顕し給はざる大曼《だいまん》荼羅《だら》を・末法二百余年の比《ころ》はじめて法華弘通《ほっけぐつう》のはたじるし《旌》として顕し奉《たてまつ》るなり、是全《これまった》く日蓮が自作にあらず多宝塔中《たほうとうちゅう》の大牟尼世尊《だいむにせそん》分身《ぶんしん》の諸仏すりかたぎ《摺形木》たる本尊なり、されば首《しゅ》題《だい》の五字は中央にかかり・四大天王《しだいてんのう》は宝塔の四方に坐《ざ》し・釈迦《しゃか》・多宝・本化《ほんげ》の四菩薩《ぼさつ》肩《かた》を並《なら》べ普賢《ふげん》・文殊《もんじゅ》等・舎利弗《しゃりほつ》・目連《もくれん》等坐《ざ》を屈《くつ》し・日天《にってん》・月天《がってん》・第六天の魔王《まおう》・竜王《りゅうおう》・阿修《あしゅ》羅《ら》・其《そ》の外《ほか》不動・愛染《あいぜん》は南北の二方《にほう》に陣《じん》を取り・悪逆《あくぎゃく》の達多《だった》・愚癡《ぐち》の竜女《りゅうにょ》一座をはり・三千世界の人の寿命《じゅみょう》を奪《うば》ふ悪鬼《あっき》たる鬼子母神《きしもじん》・十羅刹女《じゅうらせつにょ》等・加之《しかのみならず》日本国の守護神《しゅごしん》たる天《てん》照太神《しょうだいじん》・八幡大菩薩《はちまんだいぼさつ》・天神《てんじん》七代・地神《ちじん》五代の神神・総じて大小の神祇《じんぎ》等・体《たい》の神つらなる・其《そ》の余《よ》の用《ゆう》の神豈《あに》もるべきや、宝塔品《ほうとうほん》に云《いわ》く「諸《もろもろ》の大衆を接して皆虚空《こくう》に在《あ》り」云云、此等《これら》の仏菩薩・大聖等・総じて序品列坐《じょほんれつざ》の二界八番の雑衆等一人ももれず、此《こ》の御本尊の中に住し給《たま》い妙法五字の光明《こうみょう》にてらされて本有《ほんぬ》の尊形《そんぎょう》となる是《これ》を本尊とは申すなり。

経に云く「諸法実相《しょほうじっそう》」是なり、妙楽《みょうらく》云く「実相は必《かなら》ず諸法・諸法は必ず十如乃至《じゅうにょないし》十界は必ず身土《しんど》」云云、又云く「実相の深理本有の妙法蓮華経」等と云云、伝教大師《でんぎょうだいし》云く「一念三《いちねんさん》千即自受用身《ぜんそくじじゅゆうしん》・自受用身とは出尊形《しゅっそんぎょう》の仏《ほとけ》」文、此の故に未曾有《みぞう》の大曼荼羅《だいまんだら》とは名付け奉《たてまつ》るなり、仏滅後《めつご》・二千二百二十余年には此の御本尊いまだ出現《しゅつげん》し給はずと云《い》う事なり。

かかる御本尊を供養《くよう》し奉り給ふ女人・現在には幸《さいわい》をまねぎ後生《ごしょう》には此の御本尊左右前後に立ちそひて闇《やみ》に燈《ともしび》の如《ごと》く険難《けんなん》の処《ところ》に強力《ごうりき》を得《え》たるが如く・彼《かし》こへまはり此《ここ》へより・日女御前《にちにょごぜん》をかこみ・まほり給うべきなり、相構《あいかま》え相構えてとわり《遊女》を我が家へよ《寄》せたくもなき様に謗法《ほうぼう》の者をせ《防》かせ給うべし、悪知識《あくちしき》を捨《す》てて善友《ぜんゆう》に親近《しんごん》せよとは是なり。

此《こ》の御本尊全《まった》く余所《よそ》に求《もとむ》る事なかれ・只《ただ》我れ等衆生《しゆじよう》の法華経を持《たも》ちて南無妙法蓮華経と唱《とな》うる胸中《きようちゆう》の肉団《にくだん》におはしますなり、是《これ》を九識心王真如《くしきしんのうしんによ》の都《みやこ》とは申すなり、十界具足《じつかいぐそく》とは十界一界もかけず一界にあるなり、之《これ》に依《よ》つて曼陀羅《まんだら》とは申すなり、曼陀羅と云《い》うは天竺《てんじく》の名なり此《ここ》には輪円《りんえん》具足とも功徳聚《くどくじゆ》とも名《なづ》くるなり、此の御本尊も只《ただ》信心の二字にをさまれり以信得入《いしんとくにゆう》とは是なり。

日蓮が弟子《でし》檀那《だんな》等・正直捨方便《しようじきしやほうべん》・不受余経一偈《ふじゆよきよういちげ》と無二《むに》に信ずる故によつて・此の御本尊の宝塔《ほうとう》の中へ入るべきなり・たのもし・たのもし、如何《いか》にも後生《ごしよう》をたしなみ《嗜》給《たま》ふべし・たしなみ給ふべし、穴賢《あなかしこ》・南無妙法蓮華経とばかり唱へて仏《ほとけ》になるべき事尤《もつと》も大切なり、信心の厚薄《こうはく》によるべきなり仏法の根本《こんぽん》は信を以《もつ》て源《みなもと》とす、されば止観《しかん》の四に云《いわ》く「仏法は海の如《ごと》し唯《ただ》信のみ能《よ》く入る」と、弘決《ぐけつ》の四に云く「仏法は海の如し唯信のみ能く入るとは孔丘《こうきゆう》の言尚《ことばなお》信を首《はじめ》と為《な》す況《いわん》や仏法の深理をや信無くして寧《むし》ろ入らんや、故に華厳《けごん》に信を道の元・功徳《くどく》の母と為す」等、又止《し》の一に云く「何が円の法を聞き円の信を起《おこ》し円の行《ぎよう》を立て円の位《くらい》に住せん」弘《ぐ》の一に云く「円信と言うは理《り》に依《よ》つて信を起す信を行の本と為す」云云、外典《げてん》に云く「漢王臣《かんおうしん》の説《せつ》を信ぜしかば河上の波忽《なみたちま》ちに氷《こお》り李広《りこう》父の讎《あだ》を思いしかば草中の石羽《いしはね》を飲む」と云《い》えり、所詮《しょせん》・天台妙楽《てんだいみょうらく》の釈《しゃく》分明《ふんみょう》に信を以《もっ》て本とせり、彼の漢王《かんおう》も疑《うたが》はずして大臣のことばを信ぜしかば立波《たつなみ》こほり行くぞかし、石に矢《や》のたつ是《こ》れ又父のかたきと思いし至信《ししん》の故なり、何《いか》に況《いわん》や仏法においてをや、法華経を受け持《たも》ちて南無妙法蓮華経と唱《とな》うる即《そく》五種の修行《しゅぎょう》を具足《ぐそく》するなり、此《こ》の事伝教大師入唐《でんぎょうだいしにっとう》して道邃和尚《どうずいわじょう》に値《あ》い奉《たてまつ》りて五種頓修《とんしゅう》の妙行《みょうぎょう》と云う事を相伝《そうでん》し給《たま》ふなり、日蓮が弟子檀那《でしだんな》の肝要是《かんようこれ》より外《ほか》に求《もとむ》る事なかれ、神力品《じんりきほん》に云く、委《くわし》くは又又申す可《べ》く候《そうろう》、穴賢穴賢《あなかしこ》。

日蓮　花押《かおう》

建治《けんじ》三年八月二十三日

日女御前《にちにょごぜん》御返事《へんじ》

現代語訳

御本尊への供養《くよう》のために、お金を五貫文《かんもん》[1]、白米を一駄《だ》[1]（二俵《ひょう》）、また、数々の果物《くだもの》を送って頂《いただ》き、確《たし》かに受け取り

語句

1 **貫文・駄** 一貫文は銭千枚のことで、当時の記録によると米百升の価値があった。また一駄（馬等で運搬する荷）で米二俵を運んだ。

ました。

そもそも、この御本尊は、釈尊《しゃくそん》の[1]五十年間の説法《せっぽう》の中には[2]最後の八年、その八年間で説《と》かれた法華経二十八品のうちでも[3]涌出品《ゆじゅっぽん》第十五から嘱累品《ぞくるいほん》第二十二までの八品の中に顕《あらわ》れたのです。釈尊滅後《めつご》においては、[4]正法《しょうほう》・像法《ぞうほう》・末法《まっぽう》の中でも、正法・像法の二千年間には、まだ「本門の本尊」という名称《めいしょう》さえありませんでした。ましてや、その御本尊が顕れることはありませんでした。また顕すことのできる人がいなかったのです。

（この御本尊のことは）[5]天台《てんだい》・妙楽《みょうらく》・伝教《でんぎょう》等は、心の中では悟《さと》っていましたが、理由《りゆう》があったのでしょう、言葉には出されませんでした。

あの[6]顔淵《がんえん》が、孔子《こうし》から聞いたことを、心の中ではわかっ

---

1 **五十年間の説法** 釈尊が法を説いた期間とされる。

2 **最後の八年** 釈尊は四十年余り爾前経《にぜんきょう》を説いた後に八年間法華経を説いたとされる。

3 **涌出品第十五から嘱累品第二十二までの八品** ＊

4 **正法・像法・末法** 釈尊が亡くなった後（滅後）を、三つの時代に分けたもの。釈尊の仏法が力を持つ時代（正法）、形だけになる時代（像法）、力がなくなり争いが絶えまない時代（末法）。一般に、正法・像法時代は、それぞれ千年ずつとされた。

5 **天台・妙楽・伝教** 像法時代に、中国（天台・妙楽）や日本（伝教）で法華経を正し

ていたけれども、言葉に出しては言わなかったようなものです。

しかしながら、釈尊《しゃくそん》の滅後《めつご》二千年が過《す》ぎて、末法《まっぽう》の初めの五百年のうちに御本尊が必《かなら》ず出現《しゅつげん》されることは、釈尊の経文《きょうもん》に、はっきりと、ありありと説《と》かれています。天台《てんだい》・妙楽《みょうらく》等の法華経の解釈《かいしゃく》にもこのことは明《あき》らかです。

ここに日蓮は、なんという不思議《ふしぎ》なことでしょうか、[7]竜《りゅう》樹《じゅ》・天親《てんじん》等、天台・妙楽等でさえも顕《あらわ》されなかった[8]大曼荼羅《だいまんだら》（御本尊）を、末法に入って二百余年を過ぎたころに、初めて法華弘通《ぐつう》の旗印《はたじるし》として顕したのです。

これは、決《けっ》して日蓮が勝手《かって》に作り出したものではなく、[9]多宝塔《たほうとう》の中の釈尊や、[10]十方分身《じっぽうぶんしん》の諸仏《しょぶつ》を、[11]版木《はんぎ》で摺《す》るようにそのまま写《うつ》し顕した本尊なのです。

く広めた人。＊

6 **顔淵** 紀元前五、六世紀の中国春秋時代の人。儒教を広めた孔子の弟子。顔回ともいう。孔子の教えを最も会得《えとく》したとされるが、若くして亡くなった。

7 **竜樹・天親** 正法時代のインドで大乗仏教を広めた人。

8 **大曼荼羅** ＊

9 **多宝塔** 法華経見宝塔品第十一（章）で出現した宝塔。七つの宝で飾《かざ》られ、空まで届く巨大な塔の中に多宝如来がいた。続いて、釈尊は宝塔の中へ入り、多宝如来と並んで座った。

10 **十方分身の諸仏** 全宇宙から集まった仏。＊

11 **版木で摺る** ＊

それゆえ、（この御本尊のお姿《すがた》は）[1]首題《しゅだい》の妙法蓮華経の五字は、中央に懸《か》かり、[2]四大天王《しだいてんのう》（持国天《じこくてん》・増長《ぞうちょう》天・広目《こうもく》天・毘沙門《びしゃもん》天）は、それぞれ宝塔《ほうとう》（御本尊）の四方に座《すわ》っています。

[3]釈迦《しゃか》・多宝《たほう》の二仏と、本化《ほんげ》の四菩薩《ぼさつ》（上行《じょうぎょう》・無辺行《むへんぎょう》・浄行《じょうぎょう》・安立行《あんりゅうぎょう》）は肩《かた》を並《なら》べ、普賢《ふげん》・文殊《もんじゅ》等（の迹化《しゃっけ》の菩薩）、舎利弗《しゃりほつ》・目連等《もくれんとう》（の二乗《にじょう》）はひかえて座り、日天《にってん》・月天《がってん》・第六天の魔王《まおう》、竜王《りゅうおう》、阿修羅《あしゅら》がそれに続きます。その他、不動明王《ふどうみょうおう》・愛染《あいぜん》明王は南北の二方に陣《じん》を取り、悪逆《あくぎゃく》の提婆達多《だいばだった》や愚癡《ぐち》の竜女《りゅうにょ》も一角を占《し》め、三千世界の人々の寿命《じゅみょう》を奪《うば》う悪鬼《あっき》である鬼子母神《きしもじん》や十羅刹女《じゅうらせつにょ》等もいます。それればかりでなく、日本国の守護神《しゅごしん》である[4]天照太神《てんしょうだいじん》、八幡《はちまん》大菩薩《だいぼさつ》、天神《てんじん》七代、地神《ちじん》五代の神々、総じて大小の天神・地

1 **首題** 経典のはじめに書かれている題号のこと。

2 **四大天王** 四天王のこと。本書一四ページ参照。

3 **釈迦・多宝の二仏……** 宝塔の中で並んで座っている釈尊と多宝如来をはじめ以下、法華経の説法に登場する菩薩等が挙《あ》げられている。＊

4 **天照太神、八幡大菩薩、天神七代、地神五代** 日本神話の神々。

5 **体の神** 歴史上に実在したとされる神。なんらかの形で本体を持ち、名の知られた神のこと。

6 **用の神** 体の神以外の、働き・作用のみを持つ神。

7 **「すべての人々を包んで**

神ら「[5]体《たい》の神」が、皆、この中に列座《れつざ》しているのです。その他の「[6]用《ゆう》の神」が、どうして漏《も》れるはずがありましょうか。

宝塔品《ほうとうほん》には「[7]すべての人々を包《つつ》んで、皆を虚空《こくう》においた」とあります。つまりこれらの仏・菩薩・大聖等、さらに法華経序品《じょほん》の説法《せっぽう》の座《ざ》に列《つら》なった[8]欲界《よっかい》・色《しき》界に住む八種類の様々な者が、一人も漏れずにこの御本尊の中におさまり、妙法蓮華経の五字の光明《こうみょう》に照《て》らされて、「本来《ほんらい》具《そな》わっている尊《とうと》い姿《すがた》（[9]本有《ほんぬ》の尊形《そんぎょう》）」となっています。これを本尊というのです。

法華経方便品《ほうべんぼん》に「[10]諸法実相《しょほうじっそう》」とあるのは、この御本尊のお姿《すがた》のことなのです。妙楽《みょうらく》は、「妙法（実相）は、必《かなら》ずあらゆる現象《げんしょう》（諸法）となって現《あらわ》れる。その諸法は必《かなら》ず[11]十如是《じゅうにょぜ》

……」　法華経見宝塔品第十一（章）の文。＊

8 **欲界・色界に住む八種類の様々な者**　＊

9 **本有の尊形**　生命が本来具《そな》えているありのままの尊い姿。「本有」は、もともと存在するもの。

10 **諸法実相**　地獄界から仏界までの十界のあらゆる存在や現象（諸法）は、すべて、妙法蓮華経（実相）のあらわれであることを表した法理。法華経方便品第二（章）にある。＊

11 **十如是**　あらゆる存在・現象に共通して具《そな》わっている十種の存在の仕方。相・性・体・力・作・因・縁・果・報・本末究竟等のこと。

をそなえている。十如是《じゅうにょぜ》は必《かなら》ず十界《じっかい》に現《あらわ》れる。十界は必ず、衆生《しゅじょう》の身《み》と環境《かんきょう》に現れる」と解釈《かいしゃく》しています。また「実《じっ》相《そう》という深い真理《しんり》とは、すなわち本有《ほんぬ》（生命にもともと具《そな》わる）の妙法蓮華経のことである」と述《の》べています。伝教《でんぎょう》大師《だいし》は「一念三千《いちねんさんぜん》[1]の法を、そのまま体現《たいげん》しているのが自受《じじゅ》[2]用身《ゆうしん》の仏《ほとけ》である。また、自受用身の仏とは、尊形《そんぎょう》[3]を超《こ》え出た凡夫《ぼんぷ》の姿《すがた》としての仏である」と、説《と》いています。

こうした理由《りゆう》から、未曾有《みぞう》の大曼荼羅《だいまんだら》と名付《なづ》けるのです。釈尊滅後《しゃくそんめつご》二千二百二十余年間、今までは、この御本尊は、まだ出現《しゅつげん》されていないということです。

このような尊《とうと》い御本尊に御供養《ごくよう》申し上げる女性は、今世《こんぜ》では幸《しあわ》せを招《まね》き寄《よ》せます。また亡《な》くなった後には、この御本尊が前後左右に立ちそって、闇《やみ》の中の燈《ともしび》のように、ま

---

1 **一念三千の法** 法華経に説かれる生命の法理を、天台が体系化したもの。この一念三千の法は、自受用身という仏と一体である。

2 **自受用身** 「ほしいままに受け用いる身」。広大な妙法の功徳を自由自在に受け用いていく仏のこと。

3 **尊形を超え出た凡夫の姿としての仏** 本文は「出尊形《しゅっそんぎょう》の仏」。尊形（尊貴《そんき》な形）を出た仏。「色相荘厳《しきそうそうごん》」といって尊貴な形で飾られた特別な姿ではなく、凡夫そのままの姿にして仏としての偉大な生命を持つ仏をいう。

た、険難《けんなん》な山道で力強い案内人《あんないにん》を得《え》たように、あちらへまわったり、こちらへ寄《よ》りそったりしながら、日女御前《にちにょごぜん》を囲《かこ》み、必《かなら》ず守《まも》ります。くれぐれも深く用心《ようじん》して、遊女《ゆうじょ》をわが家へ近づけたくもないように、謗法《ほうぼう》の者を防《ふせ》いでいきなさい。（法華経の譬喩品《ひゆほん》に）「悪知識《あくちしき》[4]を捨《す》てて善友《ぜんゆう》[5]に近づきなさい」とあるのは、このことです。

この御本尊を決《けっ》してどこか別の所に求《もと》めてはなりません。ただ、私たち衆生《しゅじょう》が法華経（御本尊）を持《たも》って南無妙法蓮華経と唱《とな》えるその身《み》の胸中《きょうちゅう》に、厳然《げんぜん》といらっしゃるのです。この御本尊のいらっしゃる胸中を「九識心王真如《くしきしんのうしんにょ》[6]の都《みやこ》」というのです。

十界具足《ぐそく》[7]とは、十界のどの一界にも、十界が欠《か》けることなく納《おさ》まっていることです。これにより、御本尊のことを

---

4 **悪知識** 仏道修行を妨《さまた》げ、不幸に陥《おとしい》れる人、あるいは悪縁。

5 **善友** 善知識。正しい道理、正法を教える人。善縁。

6 **九識心王真如の都** すべての生命に具《そな》わる仏界という尊極の生命のこと。私たちの生命の奥底には、なにものにも染まらない清浄な生命（第九識）があり、この第九識は生命活動の根本（心王）であるから、真如（不変の真理）の都（住処）である。＊

7 **具足** すべてのものが具《そな》わって欠けているものがないこと。

曼陀羅《まんだら》というのです。曼陀羅というのはインドの言葉であり、訳《やく》すと[1]輪円具足《りんえんぐそく》とも[2]功徳聚《くどくじゅ》ともいいます。この御本尊も、ただ「信心」の二字に納《おさ》まっています。「[3]信をもって入ることを得《え》たり（以信得入《いしんとくにゅう》）」（譬喩品《ひゆほん》）とはこのことです。

日蓮の弟子檀那《でしだんな》たちは、「きっぱりと今まで説《と》いた仮《かり》の教《おし》えを捨《す》てて（正直捨方便《しょうじきしゃほうべん》）」（方便品）の文や、「法華経以外の経文《きょうもん》の一句をも受持《じゅじ》してはならない」（譬喩品）の文の通り、唯一無二《ゆいいつむに》と、法華経（御本尊）だけを信じることによって、この御本尊の宝塔《ほうとう》の中に入ることができるのです。なんとたのもしいことでしょうか。なんとしても[4]未来《みらい》世《せ》のことを心がけ、信心に励《はげ》んでいきなさい。

ひたすら南無妙法蓮華経と唱《とな》えて仏《ほとけ》になることが最《もっと》も大切です。それはひとえに信心の厚薄《こうはく》によるのです。仏法の

---

1 **輪円具足** 輪が欠けるところなく円《まる》いのと同じように、すべてのものが具足していること。

2 **功徳聚** 功徳のあつまり。

3 **「信をもって入ることを得たり（以信得入）」** 法華経譬喩品第三（章）の文。智慧第一と言われた舎利弗でさえ、法華経の極理に「信」をもって入ることができたことを挙《あ》げ、「信」が成仏の根本であることを説いた文。

4 **未来世** 御書本文は「後生」。来世。後の世のこと。また、来世に生を受けること。前生、今生《こんじょう》に対していう。

根本《こんぽん》は信を源《みなもと》とするのです。それゆえ、天台大師《てんだいだいし》の摩訶《まか》止観《しかん》の第四巻には「仏法は海のように深く広大《こうだい》であり、ただ信によってだけ入ることができる」と説《と》かれています。

妙楽大師《みょうらくだいし》の[5]摩訶止観輔行伝弘決《ふぎょうでんぐけつ》の第四巻にはこう述《の》べられています。「摩訶止観に『仏法は海のように深く広大であり、ただ信によってだけ入ることができる』とあるが、孔子《こうし》の教《おし》えでさえも信を第一にしている。まして仏法の深い真理《しんり》においてはなおさらである。信なくしてどうして入ることができるだろうか。ゆえに、華厳経《けごんきょう》でも、『信が、仏道《ぶつどう》の源であり、功徳《くどく》を生む母である』としている」と。

また摩訶止観の第一巻に「どのようにして[6]円教《えんきょう》の法を聞き、円教への信を起《お》こし、円教の修行《しゅぎょう》に励《はげ》み、そして円教の位《くらい》（仏《ほとけ》）に昇《のぼ》ることができるのであろうか」とあり、

---

5 **摩訶止観輔行伝弘決**　妙楽大師が、天台大師の『摩訶止観』を解釈したもの。

6 **円教**　欠けることのない円のように、完全無欠な教え。最高の教えのこと。

これを受けて、妙楽大師《みょうらくだいし》は弘決《ぐけつ》の第一巻の中で、「円教《えんきょう》への信とは、真理《しんり》に対して信を起《お》こすのであり、信を修行《しゅぎょう》の根本《こんぽん》とするのである」と述《の》べています。

仏教以外の書にも、次のように記《しる》されています。「後漢《ごかん》の王・光武帝《こうぶてい》[1]は、戦《たたか》いに敗《やぶ》れて大河《たいが》のところまで逃《に》げてきた時、臣下《しんか》の『河《かわ》は凍《こお》っています』という報告を本当に信じたので、河が直《ただ》ちに凍って渡《わた》ることができた。また、李《り》広《こう》[2]という武将《ぶしょう》は、父を殺《ころ》した虎《とら》への復讐心《ふくしゅうしん》ゆえに、草陰《くさかげ》の岩を虎と信じて弓《ゆみ》を射《い》たところ、本当に岩に矢《や》が深く射《さ》さった」とあります。

結局、天台《てんだい》、妙楽の注釈書《ちゅうしゃくしょ》では明《あき》らかに、信を根本としているのです。さきほどの後漢の王も疑《うたが》わずに臣下の言葉を信じたゆえに、それまで波《なみ》の立っていた水面が凍って

---

1 **光武帝** 中国・後漢の始祖。引用の文は、光武帝がまだ一武将の時のエピソード。

2 **李広** 中国・前漢の武帝時代の将軍。石を虎と思い射った矢が刺《さ》さったことから石虎将軍とも言われる。

いったのです。石に矢《や》が立ったのも、また、父の敵《かたき》に違《ちが》いないと心から信じたゆえです。まして仏法においては、なおさらのことです。法華経（御本尊）を受け持《たも》って南無妙法蓮華経と唱《とな》えれば、それはそのまま、[3]五種の修行《しゅぎょう》をすべて含《ふく》んでいるのです。このことは、伝教大師《でんぎょうだいし》が唐《とう》の国に行き、[4]道邃和尚《どうずいわじょう》に会って、[5]五種頓修《とんしゅう》の妙行《みょうぎょう》ということを相《そう》伝《でん》されたのです。

日蓮の弟子《でし》檀那《だんな》の信心の要《かなめ》は、これ（御本尊を受持《じゅじ》し唯一《ゆいいつ》無二《むに》と信じて、南無妙法蓮華経と唱えること）以外に求《もと》めてはなりません。[6]神力品《じんりきほん》にも説《と》かれていますが、詳《くわ》しくは、またの機会《きかい》に申し上げることにいたしましょう。

建治《けんじ》三年八月二十三日　　日　蓮　花押《かおう》

日女《にちにょ》御前《ごぜん》御返事《へんじ》

---

3 **五種の修行**　法華経法師品第十（章）で説かれる五つの修行。受持（法華経を受持する）・読（読む）・誦（暗誦《あんしょう》する）・解説（人に説く）・書写（書き写す）の五つ。正法・像法時代の修行法。

4 **道邃和尚**　中国・唐の時代の僧。妙楽の弟子。

5 **五種頓修の妙行**　五種の修行を一時に習得できる修行のこと。末法では、御本尊を受持して南無妙法蓮華経と唱えることである。

6 **神力品**　法華経如来神力品第二十一（章）のこと。釈尊から上行菩薩への付嘱《ふぞく》が説かれる。

補注

78 **涌出品第十五から嘱累品第二十二までの八品**　法華経では、見宝塔品《けんほうとうほん》第十一（章）で突《とつ》然巨大《ぜんきょだい》な宝塔が出現《しゅつげん》する。釈尊《しゃくそん》は宝塔の中にいた多《た》宝如来《ほうにょらい》と並《なら》んで座《すわ》り、全宇宙《ぜんうちゅう》から仏《ほとけ》や菩薩《ぼさつ》が集まってくる。そして、法華経の説法《せっぽう》に集《つど》っていた人々も虚空《こくう》（空中）に浮《う》かび上がり、虚空会の儀式《ぎしき》が始まる。ここで、従地涌出品《じゅうちゆじゅっぽん》第十五（章）で地涌《じゆ》の菩薩が出現し、引き続き如来寿量品《にょらいじゅりょうほん》第十六（章）で久遠実成《くおんじつじょう》という釈尊《しゃくそん》の真実《しんじつ》の仏の姿《すがた》が説《と》き明《あ》かされ、如来神力品《にょらいじんりきほん》第二十一（章）で、釈尊から地涌の菩薩の上首《じょうしゅ》（リーダー）である上行《じょうぎょう》菩薩に対して、釈尊の滅後《めつご》なかんずく末法《まっぽう》に妙法を弘通《ぐつう》することを託《たく》する付嘱《ふぞく》の儀式が行《おこな》われる。そして嘱累品《ぞくるいほん》第二十二（章）で、すべての菩薩に付嘱して虚空会の儀式が終了し、地涌の菩薩は姿を消《け》す。日蓮大聖人の仏法から見れば、御本尊が説かれるのは寿量品だけだが、涌出品から嘱累品までの八品で地涌の菩薩が登場し、その付嘱の経緯《けいい》が述《の》べられているので「八品の中に顕《あらわ》れた」と述《の》べられている。

78 **天台・妙楽・伝教**　天台《てんだい》・伝教《でんぎょう》は、本書五二㌻の補注、参照。妙楽《みょうらく》（七一一年〜七八

二年）は、中国天台宗《てんだい》の中興《ちゅうこう》の祖《そ》。『摩訶止観輔行伝弘決《まかしかんぶぎょうでんぐけつ》』をはじめ天台三大部の注釈《ちゅうしゃく》書《しょ》を作り、諸宗を破折《はしゃく》して、衰亡《すいぼう》の危機《きき》にあった天台教学を再《ふたた》び世《よ》に弘《ひろ》めた。

79 **大曼荼羅**　曼荼羅《まんだら》は、梵語《ぼんご》マンダラの音を漢字で表《あらわ》したもの（音写《おんしゃ》）。道場、壇《だん》、功《く》徳聚《どくじゅ》、輪円具足《りんえんぐそく》と訳《やく》す。信仰《しんこう》の対境《たいきょう》として諸仏《しょぶつ》等を図顕《ずけん》した本尊のことをいう。

79 **十方分身の諸仏**　「十方《じっぽう》」は、本書五五ページの補注、参照。「分身《ぶんしん》」は、本仏が人々を教化《きょうけ》するために身《み》を分《わ》かち、種々の国土に出現《しゅつげん》すること。また、それぞれの国土にあらわれた仏身《ぶっしん》をいう。

79 **版木で摺る**　御書本文は「すりかたぎ《摺形木》」。版木《はんぎ》として摺《す》り出したもの。版木の通り、少しも異《こと》なることがない。ここでは、御本尊の相貌《そうみょう》（姿《すがた》、ありさま）が、法華経の虚空会《こくうえ》の儀式《ぎしき》を用《もち》いられて御図顕《ごずけん》されていることを示《しめ》す。御本尊は、事《じ》の一念三千《いちねんさんぜん》である南無妙法蓮華経を顕《あらわ》したものであり、末法《まっぽう》の御本仏《ごほんぶつ》・日蓮大聖人御自身の仏《ほとけ》の生命をそのまま顕されたものであるが、その意義《いぎ》を示すために虚空会の儀式を用いられたのである。

80 **釈迦・多宝の二仏……**　本抄で大聖人は虚空会《こくうえ》の儀式《ぎしき》に連《つら》なっている仏・菩薩《ぼさつ》などを列挙《れっきょ》されている。「本化《ほんげ》の四菩薩《ぼさつ》」とは、法華経従地涌出品《じゅうちゆじゅっぽん》第十五（章）で出現《しゅつげん》した地涌《じゆ》の菩薩《ぼさつ》の四人の指導者（上行《じょうぎょう》菩薩・無辺行《むへんぎょう》菩薩・浄行《じょうぎょう》菩薩・安立行《あんりゅうぎょう》菩薩）のこと。「普賢《ふげん》・文殊《もんじゅ》」らは迹化《しゃっけ》の菩薩（「迹仏《しゃくぶつ》」という仮《かり》の姿《すがた》を示《しめ》している仏《ほとけ》に教化《きょうけ》されている弟子《でし》）。「舎利《しゃり》弗《ほつ》・目連《もくれん》」らは、釈尊《しゃくそん》の弟子で二乗《にじょう》の代表。「日天《にってん》・月天《がってん》」は諸天善神《しょてんぜんじん》。「第六天の魔《ま》王《おう》」は、他化自在天《たけじざいてん》ともいい、欲界《よっかい》の最上である六欲天《ろくよくてん》に住む。「竜王《りゅうおう》」は竜の王で畜《ちく》生界《しょうかい》の代表。「阿修羅《あしゅら》」は、阿修羅界の王。「不動明王《ふどうみょうおう》・愛染《あいぜん》明王」は、法華経の行者《ぎょうじゃ》を守護《しゅご》し、それぞれ生死即涅槃《しょうじそくねはん》、煩悩即菩提《ぼんのうそくぼだい》の意義《いぎ》をもつ。「提婆達多《だいばだった》」は、釈尊の弟子となりながら反逆《はんぎゃく》し、釈尊を殺害《さつがい》しようとした悪人《あくにん》。「竜女《りゅうにょ》」は娑竭羅《しゃから》竜王の娘《むすめ》で蛇身《じゃしん》の畜生。法華経では、提婆は悪人成仏《じょうぶつ》、竜女は女人《にょにん》成仏を示す。「鬼子母神《きしもじん》」は、王舎城《おうしゃじょう》に住む夜叉神《やしゃしん》の娘。鬼神《きじん》の妻《つま》。「十羅刹女《じゅうらせつにょ》」は、十人の悪鬼《あっき》の女人。鬼子母神も、十羅刹女も法華経陀羅尼品《だらにほん》第二十六（章）で、法華経の行者を守護する誓《ちか》いを立てた。これら虚空会《こくうえ》の衆生《しゅじょう》は、そのまま十界《じっかい》を代表しており、御本尊は十界具足《ぐそく》の曼荼羅《まんだら》と言われる。

80 **「すべての人々を包んで……」** 「釈迦牟尼仏《しゃかむにぶつ》、神通力《じんつうりき》を以《も》って、諸《もろもろ》の大衆《だいしゅ》を接《せっ》して、皆虚空《みなこくう》に在《お》きたもう」（開結四一一㌻）。法華経見宝塔品《けんほうとうほん》第十一（章）で、法華経の説《せっ》法《ぼう》の場《ば》に集まっていた衆生《しゅじょう》が、釈迦《しゃか》・多宝《たほう》の二仏が宝塔《ほうとう》の中に座《すわ》り虚空《こくう》にあるのを見て、自分たちも虚空に住したいと願った。それに対し、釈尊《しゃくそん》が神通力《じんつうりき》をもってすべての人々を虚空に上げた。以後、虚空会《こくうえ》の儀式《ぎしき》が始まる。ここで、一人ももれなく十界《じっかい》すべての人々を上げたことが重要《じゅうよう》である。

81 **欲界・色界に住む八種類の様々な者**　「二界八番の雑衆」のこと。二界とは、欲界《よっかい》・色界《しき》のこと。欲界とは、さまざまな欲望《よくぼう》に支配された衆生《しゅじょう》の住む世界。地下の八大地獄《はちだいじごく》から餓鬼《がき》・畜生《ちくしょう》・阿修羅《あしゅら》の四悪趣《しあくしゅ》と、中は人界の四大洲《しだいしゅう》、上は天上界《てんじょう》の六欲天《ろくよくてん》までをいう。色界は、欲望の支配からは脱《だつ》しているが物質の制約《せいやく》をうける世界で、天上界の一部分。八番とは、欲界衆、色界衆、竜王衆《りゅうおうしゅう》、緊那羅王《きんならおう》衆、乾闥婆王《けんだつばおう》衆、阿修羅王衆、迦楼羅王《かるらおう》衆、人王《にんおう》衆の八種のことをいう。

81 **諸法実相**　法華経方便品《ほうべんぼん》第二(章)で諸法実相《しょほうじっそう》が説《と》かれることによって、十界《じっかい》のどの衆生《しゅじょう》も、平等《びょうどう》に成仏《じょうぶつ》できる法が明《あ》かされた。これは、十界の間に隔絶《かくぜつ》がある爾前経《にぜんきょう》の教《おし》えに比《くら》べて画期的《かっきてき》な法門である。「諸法実相抄」に「実相と云《い》うは妙法蓮華経の異名《いみょう》なり・諸法は妙法蓮華経と云う事なり、(中略)万法《ばんぽう》の当体《とうたい》のすがたが妙法蓮華経の当体なりと云ふ事を諸法実相《しょほうじっそう》とは申すなり」（御書一三五九㌻）と仰《おお》せである。日蓮大聖人は、この諸法実相の御本尊を顕《あらわ》された。御本尊の相貌《そうみょう》の中央の「南無妙法蓮華経　日蓮」は実相を表《あらわ》し、左右の十界《じっかい》は諸法を代表している。また、私たちが、この諸法実相の御本尊を信じて唱題《しょうだい》すれば、自身の胸中《きょうちゅう》に本来、存在している仏性《ぶっしょう》（自身の実相）が呼《よ》び顕《あらわ》されるのである。

83　九識心王真如の都　「識《しき》」とは、もともと「分《わ》ける」と「知る」が合わさった語で、対象《たいしょう》を分析《ぶんせき》して認識《にんしき》すること。この「識」が、いくつもの種類に発展《はってん》して立て分けられたのが「九識論《くしきろん》」となる。最初の五識は、眼・耳・鼻・舌・身（皮膚《ひふ》）の五つの感覚器官《かんかくきかん》によって識別《しきべつ》される知覚《ちかく》。これらをまとめあげるのが第六の「意識《いしき》」である。さらに根源《こんげん》には第七識「末那識《まなしき》」、第八識「阿頼耶識《あらやしき》」、第九識がある。第九識は「阿摩羅識《あまらしき》（根本浄識《こんぽんじょうしき》）」とも呼《よ》ばれ、本来の清浄《せいじょう》な智慧《ちえ》の働《はたら》きのことである。この第九識は、自身の本質《ほんしつ》が本来、仏《ほとけ》であると見る識であり、法華経を実践《じっせん》する人の生命を「九識心王真如《しんのうしんにょ》の都《みやこ》」とも表現するのである。

背景と大意

御本尊の意義を幾重《いくえ》にも明かす

本抄は、建治《けんじ》三年（一二七七年）八月二十三日、日蓮大聖人が五十六歳の御時《おんとき》、身延《みのぶ》で認《したた》められ、日女御前《にちにょごぜん》に与《あた》えられたお手紙です。

日女御前については、詳細《しょうさい》は明《あき》らかではありませんが、お手紙の内容から推察《すいさつ》すると、学識《がくしき》・教養《きょうよう》のある信心強盛《ごうじょう》な女性であったと思われます。

本抄は、日女御前の真心《まごころ》からの御供養《ごくよう》に対しての御返事《ごへんじ》で、御本尊の相貌《そうみょう》（姿《すがた》、ありさま）の深い意義《いぎ》と、御本尊を拝《はい》する信心の姿勢《しせい》について示《しめ》されています。そこから別名を「御本尊相貌抄」といいます。

最初に、御本尊への御供養に御礼を述《の》べられた後、日蓮大聖人御図顕《ごずけん》の御本尊は、正《しょう》像《ぞう》二千年間にだれびとも顕《あらわ》すことができなかった究極《きゅうきょく》の法理《ほうり》を具体的《ぐたいてき》に顕したものであり、末法《まっぽう》に至《いた》って初めて顕《あらわ》される御本尊であることが示《しめ》されています。その御本尊の相貌《そうみょう》（お姿《すがた》）について、大聖人は、法華経の虚空会《こくうえ》の儀式《ぎしき》の通りであることを示されるとともに、十界《じっかい》のいかなる生命も、妙法五字の光明《こうみょう》に照《て》らされて「本有《ほんぬ》の尊《そん》形《ぎょう》」となることが「本尊」の本義《ほんぎ》であることを明《あ》かされています。

次に、十界の生命が「本有の尊形」になる原理《げんり》について、法華経方便品《ほうべんぽん》第二の「諸法実相《しょほうじっそう》」の法理《ほうり》を取り上げて説明《せつめい》されています。諸法実相は、「諸法」（十界の生命）がそのまま「実相」（南無妙法蓮華経）にほかならないという法理です。御本尊の相貌もまた、十界の衆生《しゅじょう》を「本有の尊形」と照らし出しているという意味で、御本尊は諸法実相の法理をそのまま事実の姿として顕されたものといえます。

続いて、以上のように尊《とうと》い御本尊に供養《くよう》する女性の功徳《くどく》が、いかに広大《こうだい》なものであるかを具体的《ぐたいてき》に示されています。そして、その信心を貫《つらぬ》いていくためにも、悪知識《あくちしき》を遠《とお》ざけ、善友《ぜんゆう》に近づいていくべきことを教《おし》えられます。

さらに、この御本尊は日女御前《にちにょごぜん》自身の胸中《きょうちゅう》にあることを述《の》べられ、御本尊に対する信心は、「唯一無二《ゆいいつむに》」が大事であることを示されています。

そして、仏法を求《もと》める根幹《こんかん》は「信」であることを強調《きょうちょう》し、末法《まっぽう》では御本尊を受持《じゅじ》し南無妙法蓮華経と唱《とな》えることこそが、成仏《じょうぶつ》への唯一《ゆいいつ》の要《かなめ》であることを示《しめ》されて、本抄を結《むす》ばれています。

研さんのポイント

末法の全民衆を救《すく》う御本尊

> 爰《ここ》に日蓮いかなる不思議《ふしぎ》にてや候《そうろう》らん竜樹天親《りゅうじゅてんじん》等・天台妙楽《てんだいみょうらく》等だにも顕《あらわ》し給《たま》はざる大曼荼羅《だいまんだら》を・末法二百余年の比《ころ》はじめて法華弘通《ほっけぐつう》のはたじるし《旌》として顕し奉《たてまつ》るなり

本抄では、竜樹、天親、天台、妙楽など、正法《しょうほう》・像法《ぞうほう》時代の仏法の正統《せいとう》な継承者《けいしょうしゃ》たちでさえ、顕《あらわ》すことのできなかった御本尊を、末法《まっぽう》において初めて、日蓮大聖人が顕されたと述《の》べられています。

しかも、〝末法の初めの五百年のうちに御本尊が必《かなら》ず出現《しゅつげん》することは、釈尊《しゃくそん》の経文《きょうもん》に、はっきり、ありありと説《と》かれている〟のです。大聖人が御本尊を顕されたことは、「なんという不思議《ふしぎ》なことでしょうか」と自《みずか》ら仰《おお》せられているように、仏法上、甚深《じんじん》の意義《いぎ》があります。

日蓮大聖人は、末法の全民衆《ぜんみんしゅう》を救《すく》うために御本尊を顕されました。その意義を本抄では「法華弘通《ほっけぐつう》の旗印《はたじるし》として」顕されたと仰せです。「旗印」とは、当時の武家《ぶけ》社会にあって、その集団を特徴《とくちょう》づけ、戦《たたか》いの時、人々の士気《しき》を鼓舞《こぶ》するものです。

広宣流布とは、全民衆を救うため、あらゆる不幸《ふこう》の根源《こんげん》と戦う壮大《そうだい》な精神闘争《とうそう》ともいえます。そして、一切《いっさい》の悪《あく》と戦い、万民《ばんみん》を幸福境涯《きょうがい》へと導《みちび》いていく「法華弘通」の「旗印」が、御本尊であるといえましょう。

そしてまた、大聖人が御図顕《ごずけん》された法旗《ほうき》を高く掲《かか》げ、民衆が民衆を救済《きゅうさい》する慈悲《じひ》と友情の幸《さち》の行進を進めているのが創価学会です。その旗手《きしゅ》が学会の歴代《れきだい》会長にほかなりません。

私たちは、後継《こうけい》の門下《もんか》として、高らかにこの民衆救済《みんしゅうきゅうさい》の旗《はた》をかざしながら、世界を幸福へ、平和の方向へと転換《てんかん》しゆく、一大民衆運動に勇《いさ》んで連《つら》なってまいりましょう。

十界の全生命を照《て》らす

此等《これら》の仏菩薩《ぶつぼさつ》・大聖等・総じて序品列坐《じょほんれつざ》の二界八番の雑衆等一人ももれず、此《こ》の御本尊の中に住し給《たま》い妙法五字の光明《こうみょう》にてらされて本有《ほんぬ》の尊形《そんぎょう》となる是《これ》を本尊とは申すなり

法華経見宝塔品《けんほうとうほん》の経文《きょうもん》は、〝どんな人でも虚空会《こくうえ》に列《つら》なり、仏《ほとけ》の悟《さと》りの世界の中へ入っていくことができる〟ということを教《おし》えられています。

大聖人が御図顕《ごずけん》された御本尊には、仏や菩薩だけでなく、二乗《にじょう》や六道《ろくどう》の、あらゆる十界《じっかい》の生命の代表がもれなく認《したた》められています。

釈迦多宝《しゃかたほう》の二仏、もろもろの菩薩、声聞《しょうもん》、諸天善神《しょてんぜんじん》、第六天の魔王《まおう》、提婆達多《だいばだった》、鬼子母神《きしもじん》、

十羅刹女《じゅうらせつにょ》などをはじめ、十界《じっかい》のすべての生命境涯《きょうがい》の代表が御本尊の中に住《じゅう》しています。一つの界ももれることはありません。これは、あらゆる人々すべて、ということであり、また、一人の人間の生命のあらゆる働《はたら》きすべて、ということです。

これに対して、大聖人が認《したた》められた以外の本尊（曼荼羅《まんだら》）は、一般に、地獄《じごく》や畜生《ちくしょう》などの生命が消《け》し去《さ》られ、荘厳《そうごん》な仏《ほとけ》や菩薩《ぼさつ》だけ存在する、一見、素晴《すば》らしい世界として描《えが》かれているものが大半《たいはん》です。しかし、それでは、私たちが住む十界の現実の世界とは、かけ離《はな》れた世界になってしまいます。仏と私たちとの距離《きょり》は開いたまま縮《ちぢ》まることはありません。結局は、いくら美しい仏の世界が描かれていても、苦悩《くのう》にみちた現実世界の変革《へんかく》にはつながらないのです。

日蓮大聖人の御本尊は、どこまでも現実の人間が、その身《み》そのままで仏の生命を自身に涌現《ゆげん》できる法を顕《あらわ》されているのです。

さらに、大聖人の御本尊は、十界の生命が、ただ認められているだけでなく、あらゆる生命が妙法に照《て》らされて本来の尊《とうと》い姿《すがた》として顕れるという原理《げんり》を示《しめ》されています。

すなわち、御本尊の相貌自体《そうみょうじたい》に、十界の生命の働きすべてが、中央の「南無妙法蓮華経」の五字七字の光《ひかり》に照《て》らされると、「本有の尊形《ほんぬのそんぎょう》」すなわち、本来ありのままの尊《とうと》い姿《すがた》、尊い働《はたら》きになっていく意義《いぎ》が込《こ》められているのです。

例《たと》えば十羅刹女《じゅうらせつにょ》は、法華経以前では人々の生命を奪《うば》う悪鬼《あっき》とされていますが、妙法の五字に照らされることによって、法華経の行者《ぎょうじゃ》を守《まも》る諸天善神《しょてんぜんじん》となって、一切《いっさい》の悪《あく》と戦《たたか》う尊き姿となるのです。

私たちも御本尊に祈《いの》ることで、その尊極《そんごく》な世界に入り、自分自身が「本有の尊形」になることができます。その意味は、仮《かり》に今、どのような境遇《きょうぐう》や生命状態《じょうたい》であったとしても、そのままの姿で、その瞬間《しゅんかん》に、本来持っている尊極の仏界《ぶっかい》を涌現《ゆげん》することができるということです。

自身の十界《じっかい》の生命が、それぞれの使命《しめい》に目覚《めざ》め、最高の輝《かがや》きを放《はな》っていくのですから、具体的《ぐたいてき》には、「地獄《じごく》」や「修羅《しゅら》」という、人を不幸《ふこう》の方向へ向かわせる悪の働きも、反対の善《ぜん》の創造的《そうぞうてき》な働きへと変《か》わっていきます。悩《なや》みや宿命《しゅくめい》さえも、自分の仏界《ぶっかい》を証明《しょうめい》する使命へと変えていくことができるのです。

御本尊は私たちの胸中《きょうちゅう》に

此《こ》の御本尊全《まった》く余所《よそ》に求《もと》むる事なかれ・只《ただ》我れ等衆生《しゅじょう》の法華経を持《たも》ちて南無妙法蓮華経と唱《とな》うる胸中の肉団《にくだん》におはしますなり

大聖人は本抄の冒頭《ぼうとう》から、御本尊の深義《じんぎ》について、さまざまに述《の》べられています。その前半の内容を受けて、日女御前《にちにょごぜん》のことを「このような尊《とうと》い御本尊に御供養《ごくよう》申し上げる女性」と仰《おお》せです。

御本尊がどれだけ素晴《すば》らしいかを示《しめ》されることで、その御本尊に供養している日女御前もまた偉大《いだい》な功徳《くどく》と福徳《ふくとく》に包《つつ》まれた女性になると激励《げきれい》されていると拝《はい》されます。

日女御前の功徳がどれほど素晴らしいか、具体的《ぐたいてき》には、必《かなら》ず幸福な女性になれますよ、御本尊がむこうにまわり、こちらに寄《よ》り添《そ》い、必ずあなたを守《まも》りますよ、と仰せです。そして、それほど偉大《いだい》な御本尊を持《たも》っているのだから、決《けっ》して悪縁《あくえん》に紛動《ふんどう》されることなく、御本尊への唯一無二《ゆいいつむに》の信心に立つよう指導されています。

そのうえで大聖人は、御本尊といっても、どこか他の所や、抽象的《ちゅうしょうてき》な世界にあるのではなく、じつは、日女御前《にちにょごぜん》自身の胸中《きょうちゅう》に厳然《げんぜん》とあると示《しめ》されています。

本抄では、それを「九識心王真如《くしきしんのうしんにょ》の都《みやこ》」と仰《おお》せです。

我が生命を離《はな》れた他のどこかに幸福を追《お》い求《もと》める生き方では、結局は真《しん》の幸福を確立《かくりつ》することはできません。

戸田第二代会長は、この御文《ごもん》を次のように講義しています。

「大御本尊様は向こうにあると思って拝《おが》んでおりますが、じつはあの三大秘法《さんだいひほう》の御本尊様を、即《そく》南無妙法蓮華経と唱《とな》え、信じたてまつるところのわれらの命《いのち》のなかにお住みになっていらっしゃるのです。これはありがたい仰せです」

また、池田名誉会長は「信心によって、我が胸中の御本尊を開くのである。ダイヤモンドのごとき仏《ほとけ》の生命を開き、輝《かがや》かせるのである。本来、無量《むりょう》の生命力は、自身の内部にある。無限《むげん》の知恵《ちえ》の泉《いずみ》は、我が胸中にある。それを、自在《じざい》に涌現《ゆげん》できるのが『信心』である」と指導しています。

日蓮大聖人は、私たち自身の胸中《きょうちゅう》の御本尊を涌現《ゆげん》させるために、いわば、その「鏡《かがみ》」として御本尊を御図顕《ごずけん》してくださったのです。

御本尊は「信心の二字」に納《おさ》まる

此《こ》の御本尊も只《ただ》信心の二字にをさまれり以信得入《いしんとくにゅう》とは是《これ》なり。日蓮が弟子《でし》檀那《だんな》等・正《しょう》直捨方便《じきしゃほうべん》・不《ふ》受余経一偈《じゅよきょういちげ》と無二《むに》に信ずる故によつて・此の御本尊の宝塔《ほうとう》の中へ入るべきなり

御本尊は無限《むげん》の功徳《くどく》の源泉《げんせん》ですが、私たちがその功徳を引き出せるかどうかは、ひとえに信心によります。御本尊を唯一無二《ゆいいつむに》に信じ、いかなる時も、南無妙法蓮華経と唱《とな》えきっていくことが、成仏《じょうぶつ》の直道《じきどう》となるのです。

「この御本尊も、ただ『信心』の二字に納《おさ》まっています」とは、私たちの胸中《きょうちゅう》に御本尊が厳然《げんぜん》と存在しているといっても、究極《きゅうきょく》は「信心の二字」がなければ御本尊は涌現《ゆげん》しないということです。

「信心」がなければ、御本尊は顕《あらわ》れないのです。この信心の大切さについて、法華経では「信をもって入ることを得《え》たり（以信得入《いしんとくにゅう》）」と説《と》いて、「信心」がなければ広大《こうだい》な仏《ほとけ》の智慧《ちえ》の世界に入れないことを教《おし》えています。

続いて日蓮大聖人は、御本尊を唯一無二《ゆいいつむに》と信ずる信心の姿勢《しせい》を強調《きょうちょう》されています。「一閻浮提《いちえんぶだい》第一の御本尊を信じさせ給《たま》へ」（御書一三六一ページ）です。いかなることがあっても、どこまでも御本尊を信じ抜《ぬ》き、強く祈《いの》り続ければ、必《かなら》ず成仏《じょうぶつ》できます。そのことを大聖人は「この御本尊の宝塔《ほうとう》の中に入ることができるのです」と仰《おお》せです。

ここで「御本尊の宝塔」と仰せられているのは、日蓮大聖人が法華経の宝塔の儀式《ぎしき》、すなわち虚空会《こくうえ》の儀式を用《もち》いて御本尊を顕されたことを踏《ふ》まえての表現と拝《はい》せられます。私たちが、御本尊を拝していけば、私たち自身が虚空会に参列《さんれつ》することができます。そのことを、「御本尊の宝塔の中に入ること」と仰せられているのです。すなわち、自身の生命がくずれざる永遠《えいえん》の幸福境涯《きょうがい》である仏界《ぶっかい》に包《つつ》まれていくということです。

日蓮大聖人は、私たちが仏界を涌現《ゆげん》して幸福になっていくために、御本尊を御図顕《ごずけん》されました。いうならば、民衆《みんしゅう》の幸福を確立《かくりつ》するための御本尊です。

この大聖人の仰《おお》せのままに、どこまでも「信心の二字」で御本尊を拝《はい》し、大聖人に直結《ちょっけつ》し、人類《じんるい》の平和と安穏《あんのん》を築《きず》く大道《だいどう》を広げてきたのが創価学会の実践《じっせん》です。仏意仏勅《ぶついぶっちょく》の広宣流布の団体である創価学会のなかで、広布のために祈《いの》り、友のために行動することが幸福の直道《じきどう》であり、三世《さんぜ》永遠《えいえん》の福徳《ふくとく》も、その実践の中に築かれていくのです。

国府尼御前御書《こうあまごぜんごしょ》

建治《けんじ》元年（一二七五年）
五十四歳御作
身延において
御書全集一三二四ページ

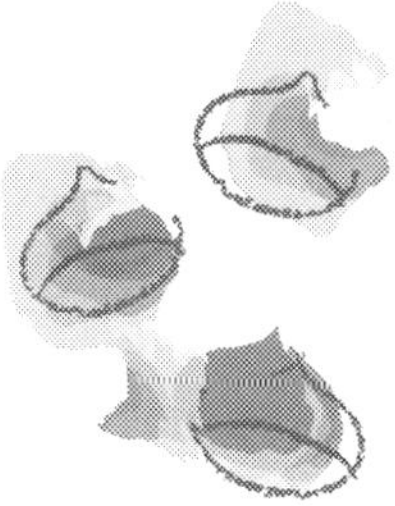

本文

阿仏御房《あぶつごぼう》の尼《あま》ごぜん《御前》よりぜに《銭》三百文《もん》、同心《どうしん》なれば此《こ》の文を二人して人によませて・きこしめせ。

単衣《ひとえぎぬ》一領《りょう》・佐渡《さど》の国より甲斐《かい》の国・波木井《はきり》の郷《ごう》の内の深山まで送り給候《たびそうら》い了《おわ》んぬ、法華経第四法師品《ほっしほん》に云《いわ》く「人有《あ》つて仏道《ぶつどう》を求《もと》めて一劫《いっこう》の中に於《おい》て合掌《がっしょう》して我が前に在《あ》つて無数の偈《げ》を以《もっ》て讃《ほ》めん、是《こ》の讃仏《さんぶつ》に由《よ》るが故に無量《むりょう》の功徳《くどく》を得《え》ん、持経者《じきょうしゃ》を歎美《たんみ》せんは其《そ》の福復《ま》た彼《かれ》に過《す》ぎん」等云云、文の心は釈尊《しゃくそん》ほどの仏《ほとけ》を三業相応《さんごうそうおう》して一中劫《いっちゅうこう》が間・ねんごろに供養《くよう》し奉《たてまつ》るよりも・末代悪世《まつだいあくせ》の世《よ》に法華経の行者《ぎょうじゃ》を供養せん功徳は・すぐれたりと・とかれて候《そうろう》、まこと《実》しからぬ事にては候へども・仏の金言《きんげん》にて候へば疑《うたが》うべきにあらず、其の上妙楽大師《みょうらくだいし》と申す人・此の経文《きょうもん》を重《かさ》ねて・やわらげ《解》て云く「若《も》し毀謗《きぼう》せん者は頭《こうべ》七分に破《わ》れ若し供養せん者は福十号に過ぎん」等云云、釈《しゃく》の心は末代の法華経の行者を供養するは十号を具足《ぐそく》しまします如来《にょらい》を供養したてまつるにも其の功徳すぎたり、又濁世《じょくせ》に法華経の行者あらんを留難《るなん》をなさん人は頭七分にわる《破》べしと云云。

夫《そ》れ日蓮は日本第一のゐせ《僻》ものなり、其《そ》の故は天神《てんじん》七代は・さてをきぬ、地神《ちじん》五代も又はかりがたし、人王始まりて神武《じんむ》より今に至《いた》るまで九十代・欽明《きんめい》天王《皇》より七百余年が間・世間《せけん》につけ仏法によりても日蓮ほど・あまねく人にあだ《怨》まれたるものは候はじ、守屋《もりや》が寺塔《とう》をやき清盛入道《きよもりにゅうどう》が東大寺《とうだいじ》興福寺《こうふくじ》を失《う》せし・彼等が一類《いちるい》は彼がにくまず、将門貞《まさかどさだ》たう《任》が朝《ちょう》敵《てき》と成《な》りし・伝教大師《でんぎょうだいし》の七寺にあだまれし・彼等もいまだ日本一州の比丘《びく》・比丘尼《びくに》・優婆《うば》塞《そく》・優婆夷《うばい》の四衆《ししゅう》には・にくまれず、日蓮は父母・兄弟・師匠《ししょう》・同法《朋》・上一人・下万民《ばんみん》・一人ももれず・父母のかたき《敵》のごとく・謀反強盗《むほんごうとう》にも・すぐれて人ごとに・あだをなすなり、されば或時《あるとき》は数百人にのられ《詈》・或時は数千人に取りこめられて刀杖《とうじょう》の大難《だいなん》にあう、所を・をはれ国を出さる・結句《けっく》は国主より御勘気《ごかんき》二度・一度は伊豆《いず》の国・今度は佐渡《さど》の嶋《しま》なり、されば身命《しんみょう》をつ《続》ぐべきかて《資糧》もなし・形体《ぎょうたい》を隠《かく》すべき藤《ふじ》の衣《ころも》ももたず、北海の嶋に・はなたれしかば彼の国の道俗《どうぞく》は相州《そうしゅう》の男女よりも・あだをなしき、野中《のなか》に捨《す》てられて雪にはだへ《肌》をまじえ・くさ《草》をつ《摘》みて命《いのち》をささ《支》えたりき、彼の蘇夫《そぶ》が胡国《ここく》に十九年・雪を食うて世《よ》をわたりし、李《り》呂《陵》が北海に六ケ年がんくつ《嵓窟》にせめられし・我は身《み》にて・しられぬ、これは・ひとえに我が身には失《とが》なし日本国を・たすけんと・をもひしゆへなり。

しかるに尼《あま》ごぜん並《なら》びに入道殿《にゅうどうどの》は彼の国に有《あ》る時は人め《目》を・をそれて夜中に食ををくり、或《あ》る時は国のせめ《責》をも・はばか《憚》らず身《み》にも・かわ《代》らんと・せし人人なり、さればつら《痛》かりし国なれどもそり《剃》たるかみ《髪》をうしろ《後》へひかれ・すすむ《進》あし《足》もかへりしぞかし、いかなる過去のえん《縁》にてや・ありけんと・おぼつかなかりしに・又いつしか・これまで・さしも大事なるわが夫《おとこ》を御つかい《使》にて・つかはされて候、ゆめ《夢》かまぼろし《幻》か尼ごぜんの御すがたをば・みまいらせ候《そうら》はねども心をば・これに・とどめをぼへ候へ、日蓮をこいしく《恋》・をはしせば常に出《い》ずる日ゆうべに・いづる月ををがま《拝》せ給《たま》え、いつ《何時》となく日月にかげ《影》をうかぶ《浮》る身なり、又後生《ごしょう》には霊山浄土《りょうぜんじょうど》に・まいりあひ・まひらせん、南無妙法蓮華経。

六月十六日　　　　日蓮　花押《かおう》

さどの国のこう《国府》の尼御前《あまごぜん》

現代語訳

[1]阿《あ》仏房《ぶつぼう》の尼御前《あまごぜん》からの銭《ぜに》三百文《もん》をいただきました。（あなた宛《あて》の手紙ではありますが、あなたと、尼御前とは）同じ志《こころざし》のお二人ですから、人に読んでもらって、二人そろってお聞きください。

[2]単衣《ひとえぎぬ》を一枚、佐渡《さど》の国から[3]甲斐《かい》の国・波木井郷《はきりごう》にある深い山（身延《みのぶ》山）までお送りいただき、確《たし》かに頂戴《ちょうだい》いたしました。

法華経の第四巻・法師品《ほっしほん》第十の中に「[4]仏道《ぶつどう》を求《もと》める人がいて、その人が一[5]劫《こう》というきわめて長い間、合掌《がっしょう》して私（釈尊《しゃくそん》）の前で無数の詩句《しく》で私をほめたたえるならば、この人は、仏《ほとけ》を讃嘆《さんたん》したことによって無量《むりょう》の功徳《くどく》を得《え》るで

語句

1 **阿仏房の尼御前**　千日尼のこと。夫・阿仏房入道とともに大聖人の佐渡流罪中に、帰依《きえ》した。

2 **単衣**　裏地がついていない一重の衣服。

3 **甲斐の国・波木井郷**　現在の山梨県南巨摩郡身延町身延のこと。佐渡流罪から戻られた大聖人が、晩年まで過ごされた身延山を指す。

4 **「仏道を求める人……」**　＊

5 **劫**　仏法で説く時間の単位。長遠な時間を表す。＊

しょう。法華経を受持《じゅじ》する者を讃嘆《さんたん》するならば、その功徳《くどく》はそれ以上に大きいのです」とあります。

この文の意味は、釈尊《しゃくそん》ほどの仏《ほとけ》を[1]身《しん》・口《く》・意《い》のすべてで一[2]中劫《ちゅうこう》という長い間、真心《まごころ》込《こ》めて供養《くよう》申し上げる功徳よりも、[3]末法悪世《まっぽうあくせ》の中で法華経の行者《ぎょうじゃ》を供養する功徳のほうがまさっていると説《と》かれているのです。

真実《しんじつ》とは思えないことではありますが、仏のお言葉ですから疑《うたが》ってはならないのです。

そのうえ、[4]妙楽大師《みょうらくだいし》という人がこの経文《きょうもん》をさらに解説《かいせつ》してこう言っています。

[5]「そしる者は頭《こうべ》が七つに破《わ》れ、供養する者はその福徳《ふくとく》が[6]十号を具《そな》えられた仏を供養する功徳を超《こ》える」と。

この言葉の意味は、末法の法華経の行者を供養すること

---

1 **身・口・意** 身口意の三業のこと。業とは行い。身で行うこと（身業）、口に出して述べること（口業）、心に思うこと（意業）の三つが一致していることを三業相応《そうおう》という。

2 **中劫** 劫に大劫・中劫・小劫があり、中劫はそのうちの一つ。＊

3 **末法** 釈尊の仏法が功徳を失う時。

4 **妙楽大師** 八世紀の中国天台宗の中興《ちゅうこう》の祖。本書八八ジペー参照。

5 **「そしる者は頭が七つに……」** ＊

6 **十号** 仏を尊敬して呼ぶ十種類の名前。＊

は、十号を具《そな》えられた仏《ほとけ》を供養《くよう》するよりも、その功徳《くどく》がまさっているということです。

また、[7]濁《にご》った世《よ》の中で、法華経の行者《ぎょうじゃ》がいて、その人を迫害《はくがい》しようとする人々は、必《かなら》ず頭《こうべ》が七つに破《わ》れるということです。

日蓮は日本第一の[8]悪名《あくめい》高い者です。その理由《りゆう》は、七代にわたる[9]天神《てんじん》の時代はさておき、五代にわたる[9]地神《ちじん》の時代もまたわかりませんが、人間の王が治《おさ》めるようになって、神武《じんむ》天皇から今にいたるまで九十代、また欽明《きんめい》天皇の時代(に仏教が伝来《でんらい》して)から七百年あまりの間、世間《せけん》の事についても、また、仏法の事についても、日蓮ほどすべての人々に憎《にく》まれた者はいないからです。

[10]物部守屋《もののべのもりや》が寺を焼《や》き、[11]平清盛入道《たいらのきよもりにゅうどう》が東大寺《とうだいじ》や興福寺《こうふくじ》

---

7 濁った世　「濁世《じょくせ》」のこと。人々の生命が濁り、乱れきった世の中のこと。末法のこと。

8 悪名高い者　＊

9 天神・地神　日本神話で、建国以前の時代を治めた七代の天の神、次いで五代の地の神。

10 物部守屋　大和時代、日本に仏教を弘めることに反対し、寺や仏像を焼かせた。

11 平清盛入道　平安末期の武将。政治の実権を握《にぎ》り、権勢を誇った。反対勢力を一掃《いっそう》しようとして奈良の東大寺・興福寺を焼き払わせた。

を焼《や》き払《はら》っても、彼らの一族は、彼らを憎《にく》みませんでした。[1]平将門《たいらのまさかど》や[2]安倍貞任《あべのさだとう》は朝廷《ちょうてい》の敵《てき》となり、[3]伝教大師《でんぎょうだいし》は[4]奈《な》良《ら》七大寺に憎《にく》まれましたが、彼らも、日本全土の[5]僧侶《そうりょ》・尼《あま》、男性の信者《しんじゃ》や女性の信者すべてに、憎まれたわけではなかったのです。

日蓮に対しては、父母・兄弟・師匠《ししょう》・修行《しゅぎょう》の仲間をはじめ、上一人から下万民《ばんみん》に至《いた》るまで一人もれなく、まるで父母の仇《かたき》のように、謀反人《むほんにん》や強盗《ごうとう》以上に、どの人からも敵《てき》意《い》を持たれたのです。

それゆえに、ある時は数百人にののしられ、ある時は数千人に取《と》り囲《かこ》まれて、刀《かたな》や杖《つえ》で襲《おそ》われる大難《だいなん》に遭《あ》いました。居《い》る所からは追《お》い出され、故郷《こきょう》からも追放《ついほう》されました。ついには、国の権力者《けんりょくしゃ》による流罪《るざい》を二度受けました。

---

1 **平将門** 平安時代の武将。下総国（千葉県）で勢力を拡大し、新天皇を名乗ったために、朝廷軍に滅《ほろ》ぼされた。

2 **安倍貞任** 平安後期の陸奥《むつ》（東北）の豪族。朝廷軍と戦い、滅ぼされた。

3 **伝教大師** 平安時代に、日本で天台宗を開いた僧。当時盛んだった宗派の僧と法論し、法華経最第一を説いた。本書五二ページ参照。

4 **奈良七大寺** 南都（奈良県）七大寺のこと。当時の仏教界の中心的な寺院。

5 **僧侶・尼**……＊

一度は伊豆《いず》の国へ、このたびは佐渡《さど》の島です。したがって、命《いのち》をつなぐ食糧《しょくりょう》もなく、体《からだ》を覆《おお》う藤《ふじ》づる[6]の粗末《そまつ》な着物さえありません。北海《ほっかい》の島に流《なが》されてみると、佐渡の国の僧侶《そうりょ》や人々は、鎌倉《かまくら》の人々よりも敵意《てきい》を持っていたのです。野原《のはら》の中に捨《す》てられて、雪に肌《はだ》をさらし、草《くさ》を摘《つ》んで命を支《ささ》えました。

中国の蘇武《そぶ》[7]は、匈奴《きょうど》の国で十九年間、雪を食べて生きながらえました。李陵《りりょう》[8]は、北海の岩窟《がんくつ》に六年間閉《と》じこめられました。（彼らの苦《くる》しみを）私は身《み》をもって知ることができました。これには、私には全《まった》く罪《つみ》はありません。ただ、日本の国を救《すく》おうと思っただけなのです。

そのような中で、尼御前《あまごぜん》と夫《おっと》の国府入道殿《こうにゅうどうどの》は私が佐渡にいる間、人目《ひとめ》を避《さ》けて夜中に食べ物を届《とど》けてくださいまし

---

6 **藤づるの粗末な着物** 藤や葛《かずら》などの、つるから繊維をとって織った着物。

7 **蘇武** 中国・前漢時代の武将。武帝の使いとして匈奴に行ったが捕《と》らえられ、十九年の間、祖国に戻ることができなかった。＊

8 **李陵** 中国・前漢時代の武将。五千の兵とともに匈奴を攻《せ》めたが、捕《と》らえられた。＊

た。ある時は権力《けんりょく》からの咎《とが》めもおそれず、日蓮の身代《みが》わりにさえなろうとされた方々です。

それだけに、つらかった佐渡《さど》の国でしたけれども、（赦《しゃ》免《めん》されて別《わか》れるときは名残惜《なごりお》しく）剃《そ》った髪《かみ》を後《うし》ろに引かれ、進もうとする足も戻《もど》ってしまうほどでした。

どのような過去《かこ》の縁《えん》による出会いだったのだろうと、不《ふ》思議《しぎ》に思っているところへ、また早くもここ身延《みのぶ》まで、あんなにも大事な自分の夫《おっと》をお使いとして遣《つか》わされました。夢《ゆめ》か幻《まぼろし》か、尼御前《あまごぜん》のお姿《すがた》を見ているわけではありませんが、まるでそのお心は、ここにいらっしゃるように思えるのです。

日蓮を恋《こい》しく思われる時には、いつも、朝に昇《のぼ》る太陽、夕べに昇る月を拝《おが》みなさい。いつでも私は、太陽や月に姿《すがた》を浮《う》かべていますよ。

また、後の世《よ》にはともに1霊山浄土《りょうぜんじょうど》に行き、お会いしましょう。南無妙法蓮華経。

六月十六日　　日蓮　花押《かおう》

佐渡《さど》の国の国府尼御前《こうあまごぜん》

1 **霊山浄土** もとは、釈尊が法華経を説いた霊鷲山のこと。転じて仏が住む清らかな国土をさす。

補注

109 **「仏道を求める人……」** 法華経法師品《ほっしほん》第十（章）の文。「人有《あ》って仏道《ぶつどう》を求《もと》めて　一劫《こう》の中に於《お》いて　合掌《がっしょう》して我が前に在《あ》って　無数《むしゅ》の偈《げ》を以《も》って讃《ほ》めん　是《こ》の讃仏《さんぶつ》に由《よ》るが故《ゆえ》に　無量《むりょう》の功徳《くどく》を得《え》ん　持経者《じきょうしゃ》を歎美《たんみ》せんは　其《そ》の福復《ふくまた》彼に過《す》ぎん」（開結三八九ページ）。法師品では、「仏《ほとけ》」と、滅後《めつご》に法を弘《ひろ》める「法師」「持経者」とを比較《ひかく》して、滅後に法を弘める人が、どれだけ偉大《いだい》であるかを強調《きょうちょう》している。本抄に仰《おお》せのように、普通《ふつう》はこのことは信じがたいことではあるが、同品には明確《めいかく》に「吾《わ》が滅後《めつご》の悪世《あくせ》に　能《よ》く是《こ》の経を持《たも》たん者をば　当《まさ》に合掌《がっしょう》し礼敬《らいきょう》して　世尊《せそん》に供養《くよう》するが如《ごと》くすべし」（開結三八八ページ）と説《と》かれているのをはじめとして、法華経には、滅後の弘教者《ぐきょうしゃ》を重要視《じゅうようし》している経文《きょうもん》が多い。

[109] **劫**　計《はか》りがたい長遠《ちょうおん》な時間の単位《たんい》をいう。その時間の長さは、さまざまな譬《たと》えを通して説《と》かれている。四千里《り》四方の石山を、百年ごとに柔《やわ》らかい衣《ころも》で拭《ふ》いて、石山が摩耗《まもう》し尽《つ》くしても劫は尽きない（払石劫《ふっしゃくこう》の譬《たとえ》）、四千里四方の大城を芥子《けし》（小さいカラシナの種子）で満《み》たし、百年に一度、一粒《つぶ》を取って、取り尽くしても、なお劫は尽きない（芥子劫の譬）など。

[110] **中劫**　倶舎論《くしゃろん》では、人寿《にんじゅ》が十歳から八万歳までの間を、一定の期間をおいて増加《ぞうか》、または、減少《げんしょう》する期間を一増《ぞう》および一減《げん》といい、一増一減の増減劫《ぞうげんこう》を一中劫《ちゅうこう》、一増または一減を一小劫《しょうこう》としている（これに対して一増一減を一小劫として、二十小劫を中劫とする説《せつ》もある）。

[110] **「そしる者は頭が七つに……」**　妙楽《みょうらく》が記《しる》した『法華文句記《ほっけもんぐき》』の文の「若《も》し悩乱《のうらん》する者

は頭《こうべ》七分に破《わ》れ、供養《くよう》すること有《あ》らん者は福《ふく》十号に過《す》ぐ」に基《もと》づいている。法華経の行者《ぎょうじゃ》をそしり、悩《なや》まし乱《みだ》すことによって受ける罰《ばち》と、逆《ぎゃく》に、供養《くよう》することによって受ける功徳《くどく》について示《しめ》されている。

110 **十号**　仏《ほとけ》の持つ十種の尊称《そんしょう》。如来《にょらい》（真如《しんにょ》＝悟《さと》りの真実《しんじつ》＝の世界から来る者）、応供《おうぐ》（人《にん》・天《てん》の供養《くよう》を受けるにふさわしい者）、正偏知《しょうへんち》（一切《いっさい》を正《ただ》しく知る智者《ちしゃ》）、明行足《みょうぎょうそく》（明＝知＝と行とが完全《かんぜん》な者）、善逝《ぜんぜい》（迷《まよ》いの世界を越《こ》え出ている者）、世間解《せけんげ》（世間のことをよく理解《りかい》する者）、無上士《むじょうし》（この上なくすぐれた者）、調御丈夫《じょうごじょうぶ》（万人《ばんにん》の煩悩《ぼんのう》を制御《せいぎょ》して人々を仏道《ぶつどう》に導《みちび》く者）、天人師《てんにんし》（天人・人間の師、あらゆる人を指導できる者）、世尊《せそん》（世《よ》の人々から尊敬《そんけい》される人）の十の名称《めいしょう》。

111 **悪名高い者**　御書本文は「ゐせ《僻》もの」。一般に「ゐせもの」の意味は、にせもの、劣《おと》っている人、下賤《げせん》な者、一癖《ひとくせ》ある者、不敵《ふてき》な者、悪《わる》い者、等がある。また、邪魔《じゃま》になる者に対して憎《にく》しみを込《こ》めて言う場合もある。現代語訳では、人々が大聖人を憎んでいるという文脈《ぶんみゃく》を重視《じゅうし》して「悪名《あくめい》高い者」と訳出《やくしゅつ》した。

112 **僧侶・尼……**　御書本文は「比丘《びく》・比丘尼《びくに》・優婆塞《うばそく》・優婆夷《うばい》」。比丘は出家《しゅっけ》した男性、比丘尼《びくに》は出家《しゅっけ》した女性、優婆塞《うばそく》は男性の在家信徒《ざいけしんと》、優婆夷《うばい》は女性の在家信徒のこと。この四種類の人々を総称《そうしょう》して、四衆《ししゅう》ともいう。

113 **蘇武**　前一四〇年?~前六〇年。漢《かん》の武帝《ぶてい》の使いとして匈奴《きょうど》(北方遊牧民《ゆうぼくみん》国家)に赴《おもむ》いた。匈奴の王は、彼を降伏《こうふく》させようとしたが、漢への忠誠《ちゅうせい》を誓《ちか》い、応《おう》じなかったので幽閉《ゆうへい》し、飲食《いんしょく》を与《あた》えなかった。しかし数日間、蘇武《そぶ》は雪と衣服《いふく》を食べて生き延《の》びたため、匈奴の人は驚《おどろ》き恐《おそ》れて、北海の辺地《へんち》へ流《なが》し羊飼《ひつじか》いをさせた。のちに、漢と匈奴の和《わ》親《しん》が成立《せいりつ》したが、匈奴王は当初《とうしょ》、蘇武を返さなかった。蘇武はついに返されるまで、十九年、主張《しゅちょう》を変《か》えず、漢に忠誠《ちゅうせい》を尽《つ》くしぬいたので名臣《めいしん》として後世《こうせい》に知られている。

113 **李陵**　?~前七四年。前九九年、自《みずか》ら願《ねが》って五千の兵《へい》を率《ひき》いて匈奴《きょうど》と戦《たたか》い、よく撃破《げきは》したが、匈奴の単于《ぜんう》(王)の三万の兵《へい》に囲《かこ》まれ、ついに降伏《こうふく》した。漢《かん》の武帝《ぶてい》は李陵《りりょう》が裏切《うらぎ》ったと思い、怒《いか》ってその一族を皆殺《みなごろ》しにした。のちに過《あやま》ちを悔《く》いた武帝は李陵を呼《よ》び戻《もど》そうとしたが、李陵はそれを断《ことわ》って単于の娘《むすめ》と結婚し、二十余年を匈奴で過《す》ごし、最後は病死《びょうし》した。

背景と大意

真心《まごころ》の供養《くよう》に最大の感謝《かんしゃ》

本抄は、建治《けんじ》元年(一二七五年)六月十六日、日蓮大聖人が五十四歳の御時《おんとき》、身延《みのぶ》で認《したた》められ、佐渡《さど》に住む国府入道《こうにゅうどう》の妻《つま》である国府尼《あま》に与《あた》えられたお手紙です。

大聖人は、文永《ぶんえい》八年(一二七一年)九月、竜《たつ》の口《くち》の法難《ほうなん》にあわれた後、翌十月、佐渡へ流罪《るざい》、十一月一日に佐渡・塚原《つかはら》に到着《とうちゃく》されました。北国の佐渡で大聖人は、冬の厳《きび》しい寒《さむ》さと、飢《う》えに遭《あ》われただけでなく、一日中、監視《かんし》され、大聖人を憎《にく》む念仏者《ねんぶつしゃ》たちから命《いのち》を狙《ねら》われる日々を過《す》ごされました。

そうした中で、念仏の強信者《ごうしんじゃ》であった阿仏房夫妻《あぶつぼうふさい》が大聖人の真実《しんじつ》の仏《ほとけ》としてのお振《ふ》る舞《ま》いに触《ふ》れ、大聖人に帰依《きえ》しました。同じように、阿仏房夫妻と親《した》しくしていた国府入道夫妻も入信しました。

国府入道夫妻《こうにゅうどうふさい》には、子どもはなかったようです。夫妻は、老齢《ろうれい》の身《み》でありながらも非難《ひなん》や処罰《しょばつ》を覚悟《かくご》で、寒《さむ》く暗《くら》い夜道《よみち》を通《とお》って、大聖人に、たびたび食事などをお届《とど》けし、佐渡《さど》流罪中《るざいちゅう》の大聖人をお守《まも》りしました。

文永《ぶんえい》十一年（一二七四年）、大聖人は流罪を赦免《しゃめん》されて鎌倉《かまくら》に戻《もど》られ、三度目の諫暁《かんぎょう》ののち身延《みのぶ》へ入られました。その後も、国府入道夫妻の求道心《きゅうどうしん》は変《か》わらず、翌年《よくねん》、建治《けんじ》元年（一二七五年）六月、国府入道は、佐渡から二十日以上もかかる遠《とお》い身延の地まで、阿仏房《あぶつぼう》の妻《つま》である千日尼《せんにちあま》からの三百文《もん》のご供養《くよう》と、国府尼からの単衣《ひとえぎぬ》（裏地のついていない衣服）のご供養を携《たずさ》え、大聖人を訪《たず》ねました。

この時、大聖人は、国府入道が、はるばる佐渡の地より訪ねて来られたことを心から喜《よろこ》ばれました。そして、本抄を認《したた》められて、高齢《こうれい》の夫《おっと》を送りだし留守《るす》を守っている国府尼の純粋《じゅんすい》な信心と、単衣に込《こ》められた真心《まごころ》に最大に感謝《かんしゃ》をされています。

そして、佐渡滞在中《たいざいちゅう》の命《いのち》がけの外護《げご》に対して、経文《きょうもん》を通して、法華経の行者《ぎょうじゃ》に供養する功徳《くどく》の素晴《すば》らしさを教《おし》えられ、また、尼御前《あまごぜん》たちとの不思議《ふしぎ》な縁《えにし》について触《ふ》れられるなど、佐渡で待《ま》つ国府尼や千日尼たちにこまやかな激励《げきれい》を送られています。

研さんのポイント

法華経の行者《ぎょうじゃ》に供養《くよう》する功徳《くどく》

文の心は釈尊《しゃくそん》ほどの仏《ほとけ》を三業相応《さんごうそうおう》して一中劫《ちゅうこう》が間・ねんごろに供養し奉《たてまつ》るよりも・末《まっ》代悪世《だいあくせ》の世《よ》に法華経の行者を供養せん功徳は・すぐれたりと・とかれて候《そうろう》、まことし《実》からぬ事にては候へども・仏の金言《きんげん》にて候へば疑《うたが》うべきにあらず

法華経には、末法《まっぽう》の法華経の行者に供養する功徳は、釈尊に長い期間にわたって供養する功徳よりもはるかに大きいことが説《と》かれています。

本抄では、法華経法師品《ほっしほん》第十の「仏道《ぶつどう》を求《もと》める人がいて、その人が一劫というきわめて長い間、合掌《がっしょう》して私（釈尊）の前で無数の詩句《しく》で私をほめたたえるならば、この人は、仏

を讃嘆《さんたん》したことによって無量《むりょう》の功徳《くどく》を得《え》るでしょう。法華経を受持《じゅじ》する者を讃嘆するならば、その功徳はそれ以上に大きいのです」との経文《きょうもん》を引かれて、大聖人への御供養《ごくよう》の心に最高の福運《ふくうん》が具《そな》わっていくことを教《おし》えられています。

なぜ、末法《まっぽう》では、法華経を弘《ひろ》める人に供養する功徳が大きいのでしょうか。さまざまな理由《りゆう》がありますが、一つは、法華経の真《しん》の目的は、末法の衆生《しゅじょう》を救《すく》うためであるということが挙《あ》げられます。

法華経では釈尊《しゃくそん》の時代の人々の救済《きゅうさい》が説《と》かれた後、法師品《ほっしほん》第十から、釈尊の滅後《めつご》、特に末法に法華経を弘める人に、釈尊が弘通《ぐつう》を託《たく》すことが最大の主題《しゅだい》となって展開《てんかい》されています。この法師品でも、菩薩《ぼさつ》たちが滅後の弘通を誓《ちか》っています。

しかし、仏《ほとけ》の滅後に法を弘めることは非常《ひじょう》に困難《こんなん》なことです。例《たと》えば、仏法を弘めれば怨嫉《おんしつ》といって、恨《うら》まれたり、嫉妬《しっと》されたりしますが、末法における怨嫉は、釈尊の時代をはるかに超《こ》えるものです。具体的《ぐたいてき》には、刀《かたな》や杖《つえ》による迫害《はくがい》、悪侶《あくりょ》や権力《けんりょく》からの弾圧《だんあつ》もあります。

ゆえに、法華経では、悪世《あくせ》に大変な迫害を身《み》に受けながら法華経を行《ぎょう》ずる人がどれほど偉大《いだい》であるかを教《おし》えられているのです。したがって、その人に供養《くよう》し、守《まも》り、支《ささ》える人の功徳《くどく》もまた大きいことはいうまでもありません。

もう一つの理由《りゆう》は、末法《まっぽう》の法華経の行者《ぎょうじゃ》が持《たも》つ法とは、法華経といっても、その究極《きゅうきょく》の教《おし》えであり、釈尊《しゃくそん》をはじめとするありとあらゆる仏《ほとけ》が悟《さと》った根本《こんぽん》の法そのものです。その根源《こんげん》の法を弘《ひろ》めるのですから、迫害《はくがい》も大きくなるのです。

「師弟《してい》の絆《きずな》」は永遠《えいえん》

しかるに尼《あま》ごぜん並《なら》びに入道殿《にゅうどうどの》は彼の国に有《あ》る時は人め《目》を・をそれて夜中に食ををくり、或《あ》る時は国のせめ《責》をも・はばから《憚》ず身《み》にも・かわら《代》んと・せし人人なり、さればつら《痛》かりし国なれどもそり《剃》たるかみ《髪》をうしろ《後》へひかれ・すすむ《進》あし《足》もかへりしぞかし

本抄では、日蓮大聖人が日本の歴史《れきし》始まって以来、かつて前例《ぜんれい》を見ないほど、日本国中

の人々から憎《にく》まれ、迫害《はくがい》されてきたことが述《の》べられています。「私には全《まった》く罪《つみ》はありません。ただ、日本の国を救《すく》おうと思っただけなのです」と仰《おお》せのように、大聖人はどこまでも日本中の人を救おうと思って行動されました。

ところが、かえって日本中の人から恨《うら》まれることとなり、大難《だいなん》に次《つ》ぐ大難が競《きそ》い起《お》こってきたのです。

そうした濁《にご》った世《よ》の中《なか》で、国府入道《こうにゅうどう》・国府尼夫妻《あまふさい》や、阿仏房《あぶつぼう》・千日尼《せんにちあま》夫妻をはじめ、佐《さ》渡《ど》で入信した門下《もんか》たちは、難を共に受ける覚悟《かくご》で大聖人に御供養《ごくよう》の品々《しなじな》をお届《とど》けしていたのです。大変な勇気《ゆうき》ですが、〝だれがなんと言おうと、自分たちが見た日蓮大聖人は正《ただ》しい方だ〟との確信《かくしん》があったのでしょう。迫害が強いほど、使命感《しめいかん》を燃《も》やして大聖人をお守《まも》りしたのではないでしょうか。

このお手紙には、大聖人が佐渡の人々との別《わか》れの情景《じょうけい》を思い浮《う》かべられながら、「剃《そ》った髪《かみ》を後《うし》ろに引かれ、進もうとする足も戻《もど》ってしまうほどでした」と仰せです。この御文《ごもん》から、大難の中、ともに戦《たたか》った友を〝生涯《しょうがい》忘《わす》れることはありませんよ〟との大聖人の温《あたた》かいお心が伝《つた》わってきます。

池田名誉会長は、次のように講義しています。

「短《みじか》い一節《いっせつ》ですが、人間・大聖人の情愛《じょうあい》が、あふれんばかりに、こめられています。この御手紙に耳を傾《かたむ》けている国府尼《こうあま》たちも、あの日の懐《なつ》かしい光景《こうけい》が胸《むね》いっぱいに広がったことでしょう。まるで、古里《ふるさと》をあとにする人のようです。恨《うら》みやグチどころか、佐渡《さど》を去《さ》ることを惜《お》しまれている。大聖人は、残酷《ざんこく》な流刑《るけい》の地をも、人間交流《こうりゅう》の寂光土《じゃっこうど》に変《か》えられたのです」

本抄の最後では、老齢《ろうれい》でもあり、大聖人と、もう直接《ちょくせつ》お会いすることができないであろう国府尼の気持ちを大聖人がくみ取られて、〝どこにいようと、必《かなら》ず心は通《かよ》い合っているのですよ〟と慈愛《じあい》を込《こ》めて激励《げきれい》されています。

異体同心事《いたいどうしんじ》

御書全集一四六三ページ

本文

白小袖《こそで》一つあつわた《厚綿》の小袖はわき《伯耆》房《ぼう》のびんぎ《便宜》に鵞目《がもく》一貫並《かんなら》びにうけ給《たま》わる、はわき房さど《佐渡》房等の事あつわら《熱原》の者どもの御心ざし異体同心《いたいどうしん》なれば万事《ばんじ》を成し同体異心《どうたいいしん》なれば諸事《しょじ》叶《かな》う事なしと申す事は外典《げてん》三千余巻《よかん》に定《さだま》りて候《そうろう》、殷《いん》の紂王《ちゅうおう》は七十万騎《き》なれども同体異心なればいくさ《軍》にまけ《負》ぬ、周《しゅう》の武王《ぶおう》は八百人なれども異体同心なればかち《勝》ぬ、一人の心なれども二つの心あれば其《そ》の心たがい《違》て成ずる事なし、百人・千人なれども一つ心なれば必《かなら》ず事を成ず、日本国の人人は多人なれども体同異心なれば諸事成ぜん事かたし、日蓮が一類《いちるい》は異体同心なれば人人すくなく候へども大事を成じて・一定《いちじょう》法華経ひろまりなんと覚《おぼ》へ候、悪《あく》は多けれども一善《ぜん》にかつ事なし、譬《たと》へば多くの火あつまれども一水にはきゑ《消》ぬ、此《こ》の一門も又かくのごとし。

其の上貴辺《きへん》は多年としつもりて奉公《ほうこう》・法華経にあつく《厚》をはする上《うえ》・今度はいかにもすぐ《勝》れて御心ざし見えさせ給うよし人人も申し候、又かれらも申し候、一一に承《うけたまわ》りて日天《にってん》にも大神にも申し上げて候ぞ。

御文《おんふみ》はいそぎ御返事《ごへんじ》申すべく候《そうら》ひつれどもたしかなるびんぎ《便宜》候はでいままで申し候はず、べんあさり《弁阿闍梨》がびんぎあまりそうそう《早早》にてかきあへず候いき、さては各各としのころ・いかんがとをぼしつる、もうこ《蒙古》の事すでにちかづきて候《そうろう》か、我が国のほろ《亡》びん事はあさましけれども、これだにもそら《虚》事になるならば・日本国の人人いよいよ法華経を謗《ぼう》して万人無間地獄《ばんにんむけんじごく》に堕《お》つべし、かれだにもつよ《強》るならば国はほろ《亡》ぶとも謗法《ほうぼう》はうすくなりなん、譬《たと》へば灸治《やいと》をしてやまい《病》をいやし針治《はりたて》にて人をなをすがごとし、当時はなげ《嘆》くとも後は悦《よろこ》びなり、日蓮は法華経の御使《おんつか》い日本国の人人は大族《たいぞく》王の一閻浮提《いちえんぶだい》の仏法を失《うしな》いしがごとし、蒙古《もうこ》国は雪山《せっせん》の下王《げおう》のごとし天の御使《おんつかい》として法華経の行者《ぎょうじゃ》をあだむ人人を罰《ばっ》せらるるか、又現身《げんしん》に改悔《かいげ》をこしてあるならば阿闍世王《あじゃせおう》の仏《ほとけ》に帰《き》して白癩《びゃくらい》をや《治》め四十年の寿《いのち》をのべ無根《むこん》の信と申す位《くらい》にのぼりて現身に無生忍《むしょうにん》をえ《得》たりしがごとし、恐恐謹言《きょうきょうきんげん》。

八月六日　　　日　蓮　花押《かおう》

現代語訳

白の小袖《こそで》[1]一枚と厚綿《あつわた》の小袖、そして伯耆房《ほうきぼう》[2]（＝日興上人《にっこうしょうにん》）が身延《みのぶ》に来たついでに託《たく》された鵞目《がもく》[3]一貫文《かんもん》を、いずれも受け取りました。

伯耆房、佐渡《さど》[4]房（＝日向《にこう》）たちのこと、また熱原《あつはら》[5]の人々のお志《こころざし》のことですが、「異体同心《いたいどうしん》」[6]であれば万事《ばんじ》を成《な》し遂《と》げることができ、「同体異心《どうたいいしん》」[7]であれば何事《なにごと》も叶《かな》うことはありません。このことは仏教以外の中国[8]の書物《しょもつ》・三千余《よ》巻《かん》の中にもはっきりと記《しる》されています。

殷《いん》[9]の紂王《ちゅうおう》は、七十万騎《き》の大軍《たいぐん》でしたが「同体異心」であったので、戦《たたか》いに負《ま》けました。周《しゅう》[10]の武王《ぶおう》は、八百人でしたが、「異体同心」であったので勝《か》ちました。

語句

1 **小袖** 袖丈が短い衣服。もとは肌着だったが、表着としても着られるようになった。

2 **伯耆房** 第二祖日興上人のこと。駿河国（静岡県）富士方面の弘教を中心になってすすめていた。

3 **鵞目一貫文** 鵞目とは鎌倉時代の通貨で銭のこと。孔が開いており、鵞鳥《がちょう》の目に似ていたことからこう呼ばれる。一貫は一文銭千枚のこと。

4 **佐渡房** 民部阿闍梨《みんぶあじゃり》日向のこと。大聖人の弟子。

5 **熱原の人々** 駿河国富士郡下方庄熱原郷（静岡県富士市

一人の心であっても二つの異《こと》なる心があれば、その心がくい違《ちが》ってしまい、物事は成就《じょうじゅ》しません。また、百人や千人であっても、一つの心であれば、必《かなら》ず物事を成就することができます。

日本国の人々は、多勢であっても「体同異心《たいどういしん》」なので、何事《なにごと》も成就することはむずかしいのです。日蓮の一門は「異体同心《いたいどうしん》」なので、人数は少ないけれども大事を成《な》し遂《と》げて、必ず法華経は広まるだろうと思っています。

悪《あく》は多くても一善《ぜん》に勝《か》つことはありません。例《たと》えば、どんなに多くの火が集まっても、水というただ一つのものによって消《き》えてしまいます。この日蓮の一門もまた同様です。

そのうえ、あなたは長年にわたって法華経への信仰《しんこう》を厚《あつ》くされてきたうえ、このたびはまことにすぐれたお志《こころざし》が

の一部）の大聖人の門下たち。＊

6 異体同心 体は異なっていても、同じ心に立って力を合わせること。「異体」とは老若男女、職業、境遇、人生経験などの違い、「同心」とは志、目的が同じこと。

7 同体異心 形は一体であっても、それぞれの目的が異なっていること。

8 中国の書物 御書本文は「外典」。仏教以外の経や書のこと。ここでは、儒教と道教の書を指す。

9 殷の紂王 中国古代の殷王朝の最後の王。＊

10 周の武王 紂王を破って、周王朝を築いた王。＊

見られると、人々も申しております。また、伯耆房《ほうきぼう》たちも申しております。私は、一つ一つうけたまわって、日天《にってん》[1]にも天照大神《てんしょうだいじん》[2]にも申し上げているのです。

あなたのお手紙に急いでご返事を申し上げるべきところでしたが、確《たし》かな機会《きかい》がなかったので、今まで差《さ》し上げられないでいました。弁阿闍梨《べんあじゃり》[3]（＝日昭《にっしょう》）の往来《おうらい》の時には、あまりに急《きゅう》だったので、書きあげられませんでした。

さて、あなた方が、この数年来、一体《いったい》、どうなっているのか、と気にかけてきた蒙古襲来《もうこしゅうらい》[4]が、いよいよ近づいてきているようです。

我が国が滅《ほろ》びることは、嘆《なげ》かわしいけれども、このこと（他国侵逼難《たこくしんぴつなん》[5]の予言《よげん》）さえもいつわりになるならば、日本国の人々は、ますます法華経を誹謗《ひぼう》して、万人《ばんにん》が無間地獄《むけんじごく》[6]

---

1 **日天** 太陽を神格化した天人、善神。妙法を実践する者を守護する。

2 **天照大神** 日本神話の神。仏法守護の諸天善神の一つ。

3 **弁阿闍梨** 日昭のこと。大聖人の弟子。

4 **蒙古** 十三世紀はじめ、ジンギスカンが内陸アジア北東の高原地帯を統一して立てた国。最盛期にはアジアのほとんど、ヨーロッパの一部にまで勢力が及んだ。文永十一年（一二七四年）と弘安四年（一二八一年）に日本を襲撃《しゅうげき》している。

5 **他国侵逼難** 他国から攻《せ》められる難。

6 **無間地獄** 間断なく大きな

に堕《お》ちることになるでしょう。
蒙古《もうこ》が勢《いきお》いを増《ま》してくれれば、日本の国は滅《ほろ》びるとしても謗法《ほうぼう》は薄《うす》くなるでしょう。

たとえば、お[7]灸《きゅう》をして病《やまい》を癒《いや》し、[8]ハリ治療《ちりょう》をして人を治《なお》すようなものです。その時は、辛《つら》くて嘆《なげ》いたとしても、後には喜びとなります。

日蓮は、法華経の御使《おんつか》いです。日本国の人々は、かの[9]大《たい》族王《ぞくおう》がインド中の仏法を滅ぼしてしまったのと同じです。蒙古国は、[10]雪山《せっせん》の下王《げおう》のようなものです。諸天善神《しょてんぜんじん》の御使いとして、法華経の行者《ぎょうじゃ》を怨《あだ》む人々を罰《ばっ》しようとされているのでしょうか。

また、（日本国の人々が）現世《げんせ》で生きているうちに、悔《く》い改《あらた》める心を起《お》こしたならば、[11]阿闍世王《あじゃせおう》が釈迦仏《しゃかぶつ》に帰依《きえ》し

苦しみを受ける地獄。仏法を破壊しようとした者が堕《お》ちる阿鼻地獄。

7 **お灸** 漢方の治療法の一つで、熱の刺激によって病気を治す。

8 **ハリ治療** 鍼《はり》をツボにさした刺激で病気を治療する。

9 **大族王** 古代インドで仏教の寺塔を破壊した悪王。＊

10 **雪山の下王** 釈尊滅後六百年頃、北インドで仏教を守った王。＊

11 **阿闍世王** マガダ国の王。釈尊を殺害しようとしたが、後に悔《く》い改めて釈尊に帰依《きえ》した。＊

て、重病《じゅうびょう》を治《なお》し、四十年の間、寿命《じゅみょう》を延《の》ばして、[1]無根《むこん》の信という位《くらい》に登《のぼ》り、生きている間に[2]無生法忍《むしょうほうにん》という悟《さと》りを得《え》たのと同じようになるのです。恐恐謹言《きょうきょうきんげん》

八月六日　　日蓮　花押《かおう》

1 **無根の信**　信ずる心のなかった者（無根）が、仏の偉大な力によって信心を起こすこと。

2 **無生法忍**　一切の事物・現象（諸法）は、不生不滅であるという真理を悟って心が安住する位。

補注

130 **熱原の人々**　日蓮大聖人が身延《みのぶ》に入山された後、第二祖・日興上人《にっこうしょうにん》は、駿河国富士《するがのくにふじ》郡一帯で折伏《しゃくぶく》・弘教《ぐきょう》を進めた。天台宗《てんだいしゅう》の滝泉寺内《りゅうせんじない》にも日興上人の弟子《でし》が増《ふ》え、改宗《かいしゅう》して日蓮大聖人の門下《もんか》となったり、熱原郷《あつはらごう》では多くの農民が日蓮大聖人の仏法に帰依《きえ》し、門下となった。この建治《けんじ》・弘安《こうあん》年間に、日興上人の指導のもと、多くの信心強盛《ごうじょう》な門下が誕《たん》生《じょう》する。また、弘教・拡大《かくだい》が進むと同時に、滝泉寺側の迫害《はくがい》が始まり、悪侶《あくりょ》は熱原の

信徒《しんと》たちの弾圧《だんあつ》の時をうかがっていた。本抄は、こうしたさなかの執筆《しっぴつ》である。

131 **殷の紂王**　紀元前十一世紀頃、中国・殷王朝《いんおうちょう》の最後の王。悪政《あくせい》をしき、臣下《しんか》の言に耳をかさず、農民を重税《じゅうぜい》で苦《くる》しめ、周《しゅう》の武王《ぶおう》との戦《たたか》いに破《やぶ》れ、殷王朝は滅亡《めつぼう》した。夏《か》の桀《けつ》王《おう》と並《なら》び悪王の代表とされる。司馬遷《しばせん》の『史記《しき》』には、武王と戦う際《さい》、兵七十万人がいたが、みな戦う心がなく、心では武王の勝利《しょうり》を望《のぞ》んでいたことが記《しる》されている。

131 **周の武王**　中国古代《こだい》の周王朝《しゅうおうちょう》を創始《そうし》した王。父・文王《ぶんおう》の遺志《いし》を継《つ》ぎ、殷《いん》の紂王《ちゅうおう》を破《やぶ》り天下を統一《とういつ》した。『史記《しき》』には、武王《ぶおう》が立ち上がった時、八百諸侯《しょこう》が集まったことが記《しる》されている。

133 **大族王**　古代インドの磔迦《たくか》国の王。仏教を習《なら》おうとしたところ、推挙《すいきょ》された僧《そう》がかつて奴隷《どれい》だったことを知り、仏教を敬《うやま》う心をなくし、自国から僧を追放《ついほう》した。その後、健《けん》駄羅《だら》国を攻《せ》め、寺院、仏塔《ぶっとう》を破壊《はかい》し、国民の大多数を仏教徒であるとの理由《りゆう》から殺害《さつがい》した。その年、大族王《たいぞくおう》は死去《しきょ》し、無間地獄《むけんじごく》に堕《お》ちたという。

133 **雪山の下王**　釈尊滅後《しゃくそんめつご》六百年頃の、北インド・都貨邏《とから》国の王。迦溼弥羅《かしゅみら》国でカニシカ王の死後《しご》、訖利多《きりた》王が、僧尼《そうに》を迫害《はくがい》して仏法を弾圧《だんあつ》した。それを聞いた雪山《せっせん》の下王《げおう》は、国中の勇者《ゆうしゃ》三千人を募《つの》って、迦溼弥羅《かしゅみら》国に入り訖利多《きりた》王を殺《ころ》した。そして国を平定《へいてい》し、堂塔《どうとう》を建《た》て、僧尼《そうに》を供養《くよう》し、再《ふたた》びこの国に仏法を栄《さか》えさせた。

133 阿闍世王

釈尊在世《しゃくそんざいせ》から滅後《めつご》にかけての中インド・マガダ国の王。父は頻婆娑羅《びんばしゃら》王、母は韋提希夫人《いだいけふじん》。釈尊に敵対《てきたい》していた提婆達多《だいばだった》にそそのかされ、釈尊に帰依《きえ》していた父を幽閉《ゆうへい》し死亡《しぼう》させ、自《みずか》ら王位《おうい》についた。その後も提婆達多と結託《けったく》し、像《ぞう》に酒を飲ませるなどして釈尊や弟子《でし》たちを殺《ころ》そうとした。後に、父を殺した罪《つみ》に悩《なや》み、全身に大悪瘡《だいあくそう》（悪《わる》いできもの）ができて苦《くる》しんだ時に、大臣《だいじん》・耆婆《ぎば》の勧《すす》めで釈尊の説法《せっぽう》を聞いて癒《い》えたという。阿闍世《あじゃせ》王は深く罪を詫《わ》び、仏法に帰依し、釈尊滅後《めつご》は仏典結集《ぶってんけつじゅう》を外護《げご》するなど、仏法を守《まも》った。

背景と大意

団結《だんけつ》の重要性《じゅうようせい》を教《おし》えられる

本抄は、御執筆《ごしっぴつ》年代が明確《めいかく》には記《しる》されてはいません。内容から、日蓮大聖人が身延《みのぶ》に入山された文永《ぶんえい》十一年（一二七四年）から弘安《こうあん》二年（一二七九年）にかけての御執筆ではないかと推定《すいてい》されています。

この御書を与《あた》えられた人も、富士《ふじ》地方の門下《もんか》の中心者であったと思われる高橋入道《にゅうどう》という説《せつ》もありますが、はっきり分《わ》かっていません。

本抄で取り上げられている蒙古襲来《もうこしゅうらい》は、文永十一年（一二七四年）と弘安四年（一二八一年）の二度にわたって起《お》きました。当時の日本としては外国から侵略《しんりゃく》されること自体《じたい》、未聞《みもん》の出来事であり、騒然《そうぜん》とした国情下《こくじょうか》にありました。

また、大聖人が身延に入山された後、熱原《あつはら》方面（現在の静岡県富士市の一部）では、日興上《にっこうしょう》人《にん》の指揮《しき》のもと、活発《かっぱつ》な弘教《ぐきょう》が展開《てんかい》されていました。天台寺院《てんだいじいん》の腐敗堕落《ふはいだらく》した実態《じったい》に失望《しつぼう》していた僧《そう》たちや、熱原《あつはら》の農民たちが、次々と大聖人門下《もんか》となっていったのです。

そうした妙法流布の波動《はどう》が広がる姿《すがた》に恐《おそ》れをなした、滝泉寺《りゅうせんじ》の院主代《いんしゅだい》・行智《ぎょうち》が、大聖人門下に対して、さまざまな迫害《はくがい》の手を加《くわ》えはじめます（熱原の法難《ほうなん》については、本書五七ジペー、「聖人御難事《しょうにんごなんじ》」の「背景と大意」を参照）。

このように、しだいに険悪《けんあく》になっていく事態《じたい》に、大聖人は、この「異体同心事《いたいどうしんじ》」を門下《もんか》のために認《したた》め、広宣流布していくうえで最《もっと》も大事なことは、〝異体同心〟の信心であり団結《だんけつ》である、と示《しめ》されています。

本抄は、前半と後半で大きく内容が異《こと》なります。前半は、中国の故事《こじ》を通して団結の重要性《じゅうようせい》を教《おし》えられています。後半では、蒙古襲来《もうこしゅうらい》が近づいてきていることに触《ふ》れられて、蒙古の襲来は、法華経の行者《ぎょうじゃ》を迫害する人々を諸天《しょてん》が罰《ばつ》しようとしている姿《すがた》であると述《の》べられています。

研さんのポイント

異《い》体《たい》同《どう》心《しん》こそ勝利の要《かなめ》

異体同心なれば万事《ばんじ》を成《じょう》し同体異心《どうたいいしん》なれば諸事《しょじ》叶《かな》う事なし

日蓮大聖人はこのお手紙で、殷《いん》の紂王《ちゅうおう》と周《しゅう》の武王《ぶおう》の例を通し、熱原《あつはら》の門下《もんか》たちに勝利《しょうり》への要因《よういん》を教《おし》えられています。

戦《たたか》いは異体同心の団結《だんけつ》こそが、最《もっと》も重要《じゅうよう》です。どんなに人数が多くても、皆の心がばらばらで、目的が明確《めいかく》でなければ、それぞれの力《ちから》を出すことはできません。逆《ぎゃく》に、少ない人数であったとしても同じ目的観や信念《しんねん》のもとに互《たが》いに尊敬《そんけい》し、団結していった時は、自分たちのもてる以上の力を発揮《はっき》し、どんなことも成《な》し遂《と》げることができるのです。

「異体《いたい》」とは、人それぞれの個性《こせい》や特質《とくしつ》、また社会的立場《たちば》が異《こと》なることです。仏法は、それぞれの個性や相違《そうい》を尊重《そんちょう》する教《おし》えです。「同体《どうたい》」を強制《きょうせい》し、外見的《がいけんてき》、形式的《けいしきてき》に同じような一体《いったい》の姿《すがた》を示《しめ》して、各人の個性を抑圧《よくあつ》する生き方は仏法の考え方と異《こと》なります。

そして、仏法は「異体」を前提《ぜんてい》として、「同心《どうしん》」を目指《めざ》していくことが重要《じゅうよう》になります。「同心」の「心」とは、広宣流布への「心」です。言い換《か》えれば、広宣流布への「心」が同じであれば、一人一人の個性、特質《とくしつ》がより発揮《はっき》され、最《もっと》も自分らしく輝《かがや》いていくことができます。

本抄で、異体同心の重要性を教えられているのは、当時の熱原《あつはら》の門下《もんか》たちに弾圧《だんあつ》の危険《きけん》が及《およ》んでいたからだと考えられています。

権力《けんりょく》を盾《たて》に、これからますます激《はげ》しくなるであろう迫害《はくがい》の嵐《あらし》を前に、正法《しょうほう》の旗《はた》を掲《かか》げ、けなげに戦う弟子《でし》たちに対して、大聖人は「何としても弟子を守《まも》らなければ」との慈愛《じあい》のうえから、「異体同心」という勝利《しょうり》への要諦《ようてい》を御指導されています。

弘安《こうあん》二年（一二七九年）に起《お》きた熱原の法難《ほうなん》で、多くの名もなき庶民《しょみん》が、命《いのち》に及ぶ弾圧にも屈《くつ》することなく信心を貫《つらぬ》き通すことができたのは、このような大聖人の全魂《ぜんこん》の激励《げきれい》があったからにほかなりません。

覚悟《かくご》を決めた一念《いちねん》と団結

> 一人の心なれども二つの心あれば其《そ》の心たが《違》いて成《じょう》ずる事なし、百人・千人なれども一つ心なれば必《かなら》ず事を成ず、日本国の人人は多人なれども体同異心《たいどういしん》なれば諸事《しょじ》成ぜん事かたし、日蓮が一類《いちるい》は異体同心《いたいどうしん》なれば人人すくなく候《そうら》へども大事を成じて・一定《いちじょう》法華経ひろまりなんと覚《おぼ》へ候、悪《あく》は多けれども一善《ぜん》にかつ事なし

研さんのポイント

個人においても、何かを成《な》し遂《と》げようとする時に、自分の心が定《さだ》まらず、迷《まよ》いの心に振《ふ》り回《まわ》されて、絶対《ぜったい》に勝《か》つという強き一念と確信《かくしん》がもてなければ、本来の力《ちから》を十分に出すことはできません。

反対にたとえ百人、千人であっても心が一つであれば、必ず物事は成し遂げられると仰《おお》

せです。

人数や立場《たちば》ではなく、魔《ま》が競《きそ》い起《お》こった時こそ、いよいよ信頼《しんらい》の絆《きずな》を深め、異体同心《いたいどうしん》で前進することが肝要《かんよう》なのです。

悪《あく》の勢力《せいりょく》は、必《かなら》ず「野合《やごう》」します。日本国の人々の中でも、法華経に敵対《てきたい》する勢力として、為政者《いせいしゃ》や宗教家たちは結託《けったく》して「日蓮が一類《いちるい》」を弾圧《だんあつ》しようとしました。

大聖人は、その本質《ほんしつ》は「同体異心《どうたいいしん》」であるとして、反対に、大聖人の一門が「異体同心」である限《かぎ》り、破《やぶ》られることは絶対《ぜったい》にないと教《おし》えられています。

日蓮大聖人は「悪《あく》は多くても一善《ぜん》に勝つことはありません」と仰《おお》せです。

池田名誉会長は、かつて「『善』の本質《ほんしつ》は『統合《とうごう》』にあり、『悪』の本質は『分断《ぶんだん》』にある」と述《の》べました。

人と人をつないでいく働《はたら》きか、それとも「自分」と「他人」の間を切《き》り裂《さ》こうとする働きか。仏《ほとけ》と魔《ま》の戦《たたか》いも、常に統合か分断かの闘争《とうそう》でもあります。

愚《おろ》かで悲劇的《ひげきてき》な争《あらそ》いを繰《く》り返《かえ》してきた人間の歴史《れきし》のなかで、仏界《ぶっかい》という、根源《こんげん》の尊《とうと》い生命観を説《と》き、分断された人間と人間を結《むす》ぶ大聖人の仏法は、平和の世紀《せいき》を開く唯一《ゆいいつ》のカギといえます。

悪《あく》が増長《ぞうちょう》する末法《まっぽう》だからこそ、魔《ま》を打《う》ち破《やぶ》る正義《せいぎ》の団結《だんけつ》が大切です。「団結」で一番大切なのは、「異体同心《いたいどうしん》」に「同心」とあるように、広宣流布に自分の心を合わせていくことです。

熱原《あつはら》の法難《ほうなん》にあって、日興上人《にっこうしょうにん》が師弟不二《していふに》の実践《じっせん》を貫《つらぬ》き通しました。大聖人と緻密《ちみつ》に連《れん》携《けい》を取りながら、大聖人の仰《おお》せのままに戦《たたか》い、熱原の人々を励《はげ》まし続けました。そして門《もん》下《か》の人々は日興上人を通して、各人が「大聖人直結《ちょっけつ》」で戦えたからこそ、強盛《ごうじょう》な信心に立てたのです。まさに、広宣流布という「同心」で戦い、広布の指導者を中心に団結したことが、勝利《しょうり》への大きな要因《よういん》となったのです。

私たちも大聖人の御書の仰《おお》せのままに、どのような魔が競《きそ》い起《お》こったとしても、正義の叫《さけ》びに勝《まさ》るものはないと確信《かくしん》し、善《ぜん》の連帯《れんたい》を築《きず》いてまいりましょう。

上野殿御返事《うえのどのごへんじ》
（竜門御書《りゅうもんごしょ》）

弘安《こうあん》二年（一二七九年）
五十八歳御作
身延において
御書全集一五六〇ページ

本文

唐土《もろこし》に竜門《りゅうもん》と申すたき《滝》あり・たかき《高》事十丈《じょう》・水の下ることがつひやう《強兵》が・や《矢》をいをとす《射落》よりもはやし《早》、このたきにををく《多》のふな《鮒》あつまりて・のぼらむと申す、ふなと申すいを《魚》ののぼり《登》ぬれば・りう《竜》となり候《そうろう》、百に一《ひとつ》・千に一・万に一・十年・二十年に一も・のぼる事なし、或《あるい》ははやきせ《急瀬》にかへり・或ははし《鷲》・たか《鷹》・とび《鵰》・ふくろう《梟》にくらわれ、或は十丁《ちょう》のたきの左右に漁人ども・つらなり《列》ゐて・或はあみ《網》をかけ・或はくみ《汲》とり・或はいて《射》とる《取》ものもあり、いを《魚》の・りう《竜》となる事かくのごとし。

日本国の武士の中に源平《げんぺい》二家と申して王の門守《もんまもり》の犬二疋《ひき》候、二家ともに王を守りたてまつる事やまかつ《山人》が八月十五夜のみね《峰》より・いづる《出》を・あいする《愛》がごとし、でんじやう《殿上》の・なんによ《男女》の・あそぶをみては月と星との・ひかり《光》をあわせ《合》たるを・木の上にて・さる《猨》のあいするがごとし、かかる身《み》にてはあれども・いかんがして我等でんじやう《殿上》の・まじわり《交》をなさんと・ねがい《願》し程《ほど》に・平氏の中に貞盛《さだもり》と申せし者・将門《まさかど》を打《う》ちてありしかども昇《しょう》でん《殿》をゆるされ《許》ず、其《そ》の子正盛《まさもり》又かなわず・其の子忠盛《ただもり》が時・始めて昇でん《殿》をゆるさる、其《そ》の後清盛《きよもり》・重盛《しげもり》等でんじやう《殿上》にあそぶ《遊》のみならず、月をうみ《生》日をいだく《抱》み《身》となりにき、仏《ほとけ》になるみち《道》・これにをとる《劣》べからず、いを《魚》の竜門《りゆうもん》をのぼり・地下《じげ》の者の・でんじやうへ・まいる《参》がごとし。

身子《しんじ》と申せし人は仏にならむとて六十劫《こう》が間・菩薩《ぼさつ》の行《ぎよう》をみてて《充》しかども・こらへ《堪》かねて二乗《にじよう》の道に入りにき、大通結縁《だいつうけつえん》の者は三千塵点劫久遠下種《さんぜんじんてんごうくおんげしゆ》の人の五百塵点劫生死《しようじ》にしづみ《沈》し此等《これら》は法華経を行ぜし程《ほど》に第六天の魔王《まおう》・国主等の身《み》に入りて・とかうわづらわせ《煩》しかば・たいして《退》すてて《捨》しゆへに・そこばく《若干》の劫に六道《ろくどう》には・めぐり《巡》しぞかし。

かれ《彼》は人の上とこそ・みしかども今は我等がみ《身》にかかれり、願《ねがわ》くは我が弟子《でし》等・大願《だいがん》ををこせ、去年去去年《こぞおとどし》のやくびやう《疫病》に死《し》にし人人の・かずにも入らず、又当時・蒙古《もうこ》のせめ《攻》に・まぬかる《免》べしともみへず、とにかくに死は一定《いちじよう》なり、其の時のなげき《歎》は・たうじ《当時》のごとし、をなじくは・かり《仮》にも法華経のゆへに命《いのち》をすてよ、つゆ《露》を大海にあつらへ・ちり《塵》を大地にうづむ《埋》とをもへ、法華経の第三に云《いわ》く「願くは此《こ》の功徳《くどく》を以《もつ》て普《あまね》く一切《いつさい》に及《およ》ぼし我等と衆生《しゆじよう》と皆共《みなとも》に仏道《ぶつどう》を成《じよう》ぜん」云云、恐恐謹言《きようきようきんげん》。

十一月六日

日蓮　花押《かおう》

上野賢人殿御返事《うえのけんじんどのごへんじ》

此《こ》れはあつわら《熱原》の事の・ありがたさに申す御返事なり。

現代語訳

中国に竜門《りゅうもん》[1]という滝《たき》があります。滝の高さは十丈《じょう》（約三十メートル）もあり、水の落《お》ちる速《はや》さは、強い兵士が矢《や》を射落《いお》とすよりも速いのです。

この滝に多くの鮒《ふな》が集まって登《のぼ》ろうとします。鮒という魚がこの滝を登りきれば竜[2]になるのです。しかし、百に一つ、千に一つ、万に一つ、十年・二十年に一つも登りきることはありません。

（その理由《りゆう》は）あるいは、流《なが》れの速い瀬《せ》に押《お》し返され、

語句

1 **竜門** 黄河中流の急流。場所は諸説あるが特定できない。

2 **竜** 想像上の動物。背に八十一枚の鱗《うろこ》、頭に二本の角があり、口辺に長い髭《ひげ》を持つ。時に空中を飛行し、雲や雨を起こし、稲妻《いなづま》を放つ。

あるいは鷲《わし》・鷹《たか》・鳶《とび》・梟《ふくろう》に食べられ、あるいは長さ十丁《ちよう》(約千九十メートル)の滝《たき》の左右《さゆう》に漁師《りようし》たちが並《なら》んでいて、ある者は網《あみ》をかけ、ある者はすくいとり、あるいは射《い》て捕《と》る者もいるからです。魚が竜《りゆう》となることは、このように難《むずか》しいのです。

日本の国の武士のなかに源氏《げんじ》と平氏《へいし》といって、天皇の御《ご》所《しよ》で門番《もんばん》の犬の役割《やくわり》をしていた二家がありました。

この二家がともに天皇を守《まも》る姿《すがた》は、[3]山里に住む身分《みぶん》の低《ひく》い人が、八月十五夜(中秋)の美しい満月が山の峰《みね》から出るのを見て、あこがれているようなものでした。また、宮《きゆう》殿《でん》で男女が遊ぶのを見ては、月と星とが光をあわせてきらめいているのを、木の上で猿《さる》があこがれているようなものでした。

---

3 **山里に住む身分の低い人** 御書本文は「やまかつ《山人》」。猟師やきこりなど、山中に生活する人。ここでは、そうした職業を指す言葉ではなく、宮中をあこがれる身分の低い人の意味。

このような低《ひく》い身分《みぶん》ではあるけれども、何とかして自分たちも宮殿《きゆうでん》に出入りをしたいと願《ねが》っていたところ、平氏《へいし》の中で貞盛《さだもり》[1]という人が、(朝敵《ちようてき》となった)将門《まさかど》[1]を討《う》つという手柄《てがら》を収《おさ》めましたが昇殿《しようでん》[2]は許《ゆる》されませんでした。

その子孫《しそん》の正盛《まさもり》[1]も(功《こう》を立てましたが)また叶《かな》いません。その正盛の子の忠盛《ただもり》[1]の時、初めて昇殿を許されました。

その後、清盛《きよもり》[1]・重盛《しげもり》等は宮殿で自由に振《ふ》る舞《ま》うだけでなく、月を生み[3](自分の娘《むすめ》が天皇の后《きさき》になり皇太子を生んだこと)、日を抱《いだ》く(自分の孫《まご》が天皇になったこと)身分となりました。

仏《ほとけ》になる道は、これに劣《おと》らず困難《こんなん》です。魚が竜門《りゆうもん》を登《のぼ》り、身分の低い者が、宮殿に昇《のぼ》るようなものです。

身子《しんじ》[4](＝舎利弗《しやりほつ》)という人は、仏になろうとして、六十

1 **貞盛・将門・正盛・忠盛・清盛・重盛** いずれも平安時代の武将。平家の人。＊

2 **昇殿** 天皇の御所である清涼殿の南面にある「殿上の間」に昇り政治に携《たずさ》わること。昇殿を許された人を殿上人《でんじようびと》といい、許されない人を地下人《じげびと》という。

3 **月を生み、日を抱く** ここでは「月」は妃を、「日」は天皇を譬えている。平清盛の娘・徳子が高倉天皇の妃(月)となり、安徳天皇(日)を産んだこと。

4 **身子** 釈尊の十大弟子の一人・舎利弗《しやりほつ》のこと。＊

5 **劫** 長遠な時間を表す。本書一一六ジペー参照。

劫《こう》[5]というきわめて長い間、菩薩《ぼさつ》の修行《しゅぎょう》[6]を積《つ》み続けてきましたが、耐《た》え切《き》れず、退転《たいてん》して二乗《にじょう》[7]の道に陥《おちい》ってしまいました。

大通智勝仏《だいつうちしょうぶつ》[8]の時に法華経を聞いて成仏《じょうぶつ》への縁《えん》を結《むす》んだ者であっても、退転して三千塵点劫《さんぜんじんてんごう》[9]もの間、生死《しょうじ》の苦《く》しみに沈《しず》んだ者や、また、久遠実成《くおんじつじょう》の釈尊《しゃくそん》[10]から仏《ほとけ》に成《な》る下種《げしゅ》[11]を受けたにもかかわらず、退転して五百塵点劫[9]という長遠《ちょうおん》な間、生死の苦しみに沈んでしまった者がいます。

これらの人々は、法華経を修行していた時に、第六天の魔王《まおう》[12]が国主等の身《み》に入って、あれこれと修行を妨《さまた》げたので、退転して法華経を捨《す》てたために、きわめて長い間にわたって六道《ろくどう》[13]を流転《るてん》してしまったのです。

これらのことは、他人の身の上のことに過《す》ぎないと見て

---

6 **菩薩の修行** 菩薩が悟りを得るために行う修行。菩薩は、利他を根本とする。

7 **二乗** 声聞界と縁覚界のことで、自分の悟りのみを求める境涯。

8 **大通智勝仏** 法華経に説かれる三千塵点劫の昔に出現した仏。＊

9 **三千塵点劫・五百塵点劫** 長遠な過去。＊

10 **久遠実成の釈尊** 法華経寿量品で説かれた仏。＊

11 **下種** 成仏の種子をうえること。＊

12 **第六天の魔王** 信心を妨《さまた》げる魔王。＊

13 **六道** 迷いの境涯。＊

いましたけれども、今は私たちの身《み》にかかっています。

願《ねが》わくは、我が弟子《でし》たちよ、大願《だいがん》を起《お》こしなさい。

去年、一昨年に流行《りゅうこう》した疫病《えきびょう》[1]で死《し》んだ人々の中に入ることもありませんでした。しかしまた今、蒙古《もうこ》[2]が襲来《しゅうらい》してきたら死をまぬかれるものとも思えません。

いずれにしても、死は必《かなら》ず訪《おとず》れることなのです。そのときの嘆《なげ》きは、現在の苦《くる》しみと同じでしょう。

同じく死ぬのであるならば、かりにも法華経のために命《いのち》を捨《す》てなさい。露《つゆ》を大海に入れ、塵《ちり》を大地に埋《う》めるようなものだと思いなさい。

法華経の第三巻・化城喩品《けじょうゆほん》第七では、梵天《ぼんてん》が語《かた》っています。
[3]「願わくは、この無量《むりょう》の功徳《くどく》[4]を広く一切衆生《いっさいしゅじょう》に分《わ》け与《あた》え

---

1 **疫病** 悪性の伝染病。当時の記録によると、建治三年（一二七七年）末から弘安元年（一二七八年）半ばにかけて疫病が大流行した（建治四年二月の改元も、疫病流行を止めるためとされている）。
2 **蒙古が襲来** 十三世紀はじめ、ジンギスカンが内陸アジア北東の高原地帯を統一して立てた国。この大蒙古帝国の大軍が文永十一年（一二七四年）に日本に上陸し、本抄執筆の頃は再度の侵略《しんりゃく》の危機感に日本中が騒然《そうぜん》としていた。
3 **「願わくは……」** ＊
4 **功徳** 功能福徳《くのうふくとく》の略。福を招く力と、その力が身に備《そな》わっている徳をいう。

て、私たち〔＝梵天《ぼんてん》たち〕と一切衆生《いっさいしゅじょう》と皆、一緒《いっしょ》に成仏《じょうぶつ》への軌道《きどう》を歩《あゆ》めますように」と。恐恐謹言《きょうきょうきんげん》。

十一月六日　　日蓮　花押《かおう》

上野賢人殿御返事《うえのけんじんどののごへんじ》

これは熱原《あつはら》の法難《ほうなん》の折《おり》の、あなたの行動の尊《とうと》さ、立派《りっぱ》さに対して記《しる》した御返事です。

補注

150 **貞盛・将門・正盛・忠盛・清盛・重盛**　本抄では、武家《ぶけ》である平氏《へいし》一門が宮殿《きゅうでん》に昇《のぼ》ることが許《ゆる》され、やがて貴族《きぞく》の仲間入りをして隆盛《りゅうせい》をきわめるまでの経緯《けいい》が挙《あ》げられている。平貞盛《たいらのさだもり》（生没年不詳《せいぼつねんふしょう》）は、平安中期、朝敵《ちょうてき》となった平将門《まさかど》（〜九四〇年）を滅《ほろ》ぼした功績《こうせき》などで従《じゅう》四位下まで進んだ。この平貞盛が平氏繁栄《はんえい》の基礎《きそ》を築《きず》いた後、平安後期、平貞盛《たいらのさだもり》と同じ伊勢平氏《いせへいし》の流《なが》れを汲《く》む平正盛《まさもり》（生没年不詳《せいぼつねんふしょう》）が武士としての功績《こうせき》を挙《あ》げて同じく従《じゅ》四位下に進んだ。その嫡子《ちゃくし》・平忠盛《ただもり》（一〇九六年～一一五三年）の時代に正四位になり昇殿《しょうでん》が許《ゆる》された。その嫡子・平清盛《きよもり》（一一一八年～一一八一年）、清盛の長子《ちょうし》・平重盛《しげもり》（一一三八年～一一七九年）の時代に、栄華《えいが》をきわめた。

150 **身子** 舎利弗《しゃりほつ》が過去世《かこせ》で菩薩道《ぼさつどう》を修行《しゅぎょう》していた時、六十劫《こう》という長い間を経《へ》た後、菩薩行を退転《たいてん》したことが『大智度論《だいちどろん》』に説《と》かれている。同書によると、舎利弗《しゃりほつ》が布施行《ふせぎょう》を実践《じっせん》していた時、ある人が舎利弗の眼《め》を乞《こ》うた。舎利弗が眼を取り出して与《あた》えると、その人は「いやな匂《にお》いだ」と言って、眼に唾《つば》をかけ、地に投《な》げ捨《す》て足で踏《ふ》みつけた。その姿《すがた》を見た舎利弗は、〝このような人々は救済《きゅうさい》することはできない。もう、ひたすら自分が救《すく》われるよう修行しよう〟として、菩薩道を退転して、劣《おと》った小乗《しょうじょう》の道に堕《お》ちてしまった。

151 **大通智勝仏** 法華経化城喩品《けじょうゆほん》第七（章）では、三千塵点劫《さんぜんじんてんごう》の昔《むかし》、大通智勝仏《だいつうちしょうぶつ》が十六王子に法華経を説《と》き、その十六王子がのちに法華経を説いて人々を導《みちび》いたことが述《の》べられている（大通覆講《ふっこう》）。そのうち第十六王子が釈尊《しゃくそん》の過去世《かこせ》の姿《すがた》であり、この第十六王子に結縁《けつえん》（仏縁《ぶつえん》を結《むす》ぶこと）した後、三千塵点劫《さんぜんじんてんごう》の間、退転《たいてん》した人々がいた。

151 **三千塵点劫・五百塵点劫** 一つの三千大千世界（宇宙《うちゅう》のこと）の土を擦《す》りつぶして塵《ちり》にして、千の国土を過《す》ぎるたびに一つの塵を落《お》とし、すべての塵がなくなるまで落とす。さらにその間に通った国土すべてを擦りつぶしてまた塵とする。その一塵《じん》を時間の単位《たんい》である一劫《こう》と数え、その膨大《ぼうだい》な塵の分だけの劫数を経《へ》ることが三千塵点劫《さんぜんじんてんごう》である。すなわち、実質的《じっしつてき》には数えきれないほどの劫を過ごした長い時間となる。五百塵点劫は、さらに、それとは比較《ひかく》にならないほどの期間で、五百千万億那由佗阿僧祇《なゆたあそうぎ》（想像《そうぞう》できないほどの数）の三千大千世界をつぶして塵として、東へ行って五百千万億那由佗阿僧祇の国を過ぎて一つの塵を落とし、すべてを落とし終わったら、これまで過ぎたすべての国をまとめて擦り、その一塵を一劫とする。

151 **久遠実成の釈尊** 法華経如来寿量品《にょらいじゆりょうほん》第十六（章）で、釈尊《しゃくそん》は、インドで王子として生まれて後に出家《しゅつけ》して、今世《こんぜ》で初めて成仏《じょうぶつ》したのではなく、五百塵点劫《ごひゃくじんてんごう》という久遠《くおん》の昔《むかし》にすでに成仏したことが明《あ》かされている。

151 **下種** 仏《ほとけ》が衆生《しゅじょう》の生命に成仏《じょうぶつ》の種子《しゅし》を下《くだ》すこと。仏が衆生に対して、自身が仏になった根本《こんぽん》の原因《げんいん》となる法を説《と》くことを種蒔《たねま》きに譬《たと》えて下種《げしゅ》という。

151 **第六天の魔王** 他化自在天《たけじざいてん》王のこと。欲界《よっかい》の頂上《ちょうじょう》である第六天に住み、人々の仏道《ぶつどう》を妨《さまた》げる魔王《まおう》。三障四魔《さんしょうしま》の中の天子魔《てんしま》にあたる。一切《いっさい》の魔性《ましょう》の頂点《ちょうてん》に立ち、法華経の行《ぎょう》者《じゃ》自身に入るか、それができない時は、権力者《けんりょくしゃ》や高僧《こうそう》らの身《み》に入って法華経の行者を迫《はく》害《がい》しようとする。

151 **六道** 十界《じっかい》のなかの地獄界《じごくかい》・餓鬼《がき》界・畜生《ちくしょう》界・修羅《しゅら》界・人《にん》界・天《てん》界の六界のこと。迷《まよ》いの衆生《しゅじょう》が輪廻《りんね》する境涯《きょうがい》をいう。

152 **「願わくは……」** 法華経第三巻・化城喩品《けじょうゆほん》第七（章）の文。「願《ねが》わくは 此《こ》の功徳《くどく》を以《も》って 普《あまね》く一切《いっさい》に及《およ》ぼし 我等と衆生《しゅじょう》と 皆共《みなとも》に仏道《ぶつどう》を成《じょう》ぜん」（開結三三三㌻）。大《だい》梵天王《ぼんてんのう》が大通智勝仏《だいつうちしょうぶつ》に宮殿《きゅうでん》を捧《ささ》げる時に述《の》べた言葉。宮殿を供養《くよう》する功徳《くどく》が全宇宙《ぜんうちゅう》に広がって、梵天自身と他のあらゆる人々を、ともに成仏《じょうぶつ》させるようにと願った。妙法の大功徳とは、自分だけでなく、他のあらゆる人々にも、その功徳が及《およ》び、ともに成仏を実現することができる。

背景と大意

法難《ほうなん》を戦《たたか》い抜《ぬ》く青年を激励《げきれい》

本抄は、弘安《こうあん》二年（一二七九年）十一月六日、日蓮大聖人が五十八歳の御時《おんとき》に、身延《みのぶ》で認《したた》められ、南条時光《なんじょうときみつ》に与《あた》えられたお手紙です。竜門《りゅうもん》の故事《こじ》を通して示《しめ》されているところから別名を「竜門御書」といいます。

南条時光（一二五九年～一三三二年）は、若くして大聖人の仏法を持《たも》ち、第二祖・日興上人《にっこうしょうにん》を師兄《しけい》と仰《あお》ぎ、信徒《しんと》の中心者として生涯《しょうがい》にわたって活躍《かつやく》した門下《もんか》です。

父・南条兵衛七郎《ひょうえしちろう》は幕府《ばくふ》の御家人《ごけにん》であり、上野郷《うえのごう》の地頭《じとう》でした。大聖人に帰依《きえ》していましたが、文永《ぶんえい》二年（一二六五年）に亡《な》くなりました。時光が数え年《かぞえどし》で七歳の時でした。夫《おっと》の死後《しご》、母は上野殿後家尼《ごけあま》と呼《よ》ばれ、時光ら子どもたちに信心を教《おし》え、生涯、純粋《じゅんすい》な信心を貫《つらぬ》き通しました。

大聖人も、時光《ときみつ》ら兄弟《きようだい》の成長を喜ばれ、南条家《なんじようけ》に宛《あ》てられたお手紙は、現存《げんぞん》するものでも五十二編《へん》にのぼります。

大聖人の身延《みのぶ》入山後、日興上人《につこうしようにん》は駿河《するが》国富士《ふじ》郡で弘教《ぐきよう》に邁進《まいしん》しましたが、時光も、そのもとで折伏《しやくぶく》に励《はげ》んでいました。そうしたなか、熱原《あつはら》の法難《ほうなん》が起《お》こったのです（熱原の法難については、本書五七ジペー、「聖人御難事《しようにんごなんじ》」の「背景と大意」を参照）。

本抄は、熱原の法難の渦中《かちゆう》に認《したた》められたものです。当時、南条時光は上野《うえの》郷の地頭《じとう》であり、二十一歳の青年でした。

法難の際《さい》は、日興上人とともに戦《たたか》い、難にあった信徒《しんと》を自分の屋敷《やしき》にかくまうなど、熱原の人々を勇敢《ゆうかん》に守《まも》り、活躍《かつやく》しました。

本抄は、時光の不自惜身命《ふじしやくしんみよう》の信心を称賛《しようさん》され送られたものです。さらに大聖人は時光に「上野賢人殿《けんじんどの》」という称号《しようごう》を贈《おく》られています。大聖人から「賢人」の称号をいただいているのは、門下《もんか》の中で、時光ただ一人です。

御真筆《ごしんぴつ》によると、当初《とうしよ》、「上野聖人」と書かれようとされた跡《あと》がありますが、これは、まだ若い時光の未来を考えられたのか、あえて「聖人」ではなく「賢人」にされたもので、「聖」の字を書きかけた上に「賢《けん》」の字を書き直《なお》されたものです。

本抄をいただいた後も、法難《ほうなん》の余燼《よじん》は続きました。幕府《ばくふ》は時光《ときみつ》に対して不当《ふとう》な重税《じゅうぜい》を課《か》して経済的圧迫《あっぱく》を加《くわ》え、一時は、時光の乗《の》る馬もなく、妻子《さいし》の着る物にもこと欠《か》くありさまでした。しかし、そうした苦難《くなん》の中でも、時光は大聖人への供養《くよう》を続け、外護《げご》に努《つと》めました。

本抄では、まさに法難の渦中《かちゅう》にあって、成仏《じょうぶつ》がいかに困難《こんなん》であるかを教《おし》えられるとともに、社会全体も騒然《そうぜん》としているなかで、大願《だいがん》を起《お》こして不惜身命《ふしゃくしんみょう》の信心を貫《つらぬ》くよう激励《げきれい》されています。

研さんのポイント

成仏《じょうぶつ》の困難《こんなん》さを教《おし》える

> 唐土《もろこし》に竜門《りゅうもん》と申すたき《滝》あり（中略）或《あるい》は十丁《ちょう》のたきの左右に漁人ども・つらなり《列》ゐて・或はあみ《網》をかけ・或はくみ《汲》とり・或はいてと《射取》るものもあり、いを《魚》の・りう《竜》となる事かくのごとし

竜門とは、中国の黄河中流《こうがちゅうりゅう》にある急流《きゅうりゅう》を指《さ》しています。さまざまな魚が集まり、滝《たき》を登《のぼ》ろうとしますが、三段の瀑布《ばくふ》になっている川を、なかなか登りきることができません。そこで、古来《こらい》、ここを登り切った魚は〝竜〟になるといわれるようになりました。

日蓮大聖人は、この故事《こじ》を通して、現実の悪世《あくせ》で妙法を持《たも》ち成仏することの難《むずか》しさを教

えられています。

魚が竜《りゅう》になれない一つには「はやきせ（急瀬）」に押《お》し戻《もど》されるからですが、これは末法《まっぽう》という時代の濁《にご》りによって、社会も乱《みだ》れ、人々の心もすさみ、争《あらそ》いが絶《た》えなくなっていることを示《しめ》しているとも言えます。

また、魚の行く手で鷲《わし》・鷹《たか》・鵄《とび》・梟《ふくろう》が狙《ねら》っていたり、人間が網《あみ》や弓矢《ゆみや》などを持って待《ま》ち構《かま》えています。

これらは、成仏《じょうぶつ》を妨《さまた》げる三障四魔《さんしょうしま》や正法《しょうほう》の実践《じっせん》を阻《はば》む三類《さんるい》の強敵《ごうてき》の出現《しゅつげん》に譬《たと》えられます。

大聖人は、こうした、譬えを通されながら、若き時光《ときみつ》が信仰《しんこう》を貫《つらぬ》いていく中で、次々と競《きそ》い起《お》こる目の前の苦難《くなん》、心ない非難《ひなん》・中傷《ちゅうしょう》などを乗《の》り越《こ》えていくように励《はげ》まされているのです。

三障四魔はある意味で、成仏への試練《しれん》です。魚が幾多《いくた》の敵《てき》を乗り越えて竜になるように、三障四魔《ま》に負けそうになる自身の弱《よわ》い心に打《う》ち勝《か》ち、あらゆる迫害《はくがい》に負けることなく信仰を貫くことで、私たちは仏《ほとけ》になることができるのです。

頼《たよ》るべき父を早《はや》く亡《な》くし、一家の柱《はしら》として、また、地域の要《かなめ》として戦《たたか》う時光に対し、大聖人は厳父《げんぷ》のごとき慈愛《じあい》で、困難《こんなん》を避《さ》けることなく真正面《ましょうめん》から戦《たたか》う生き方を教《おし》えられています。

弟子《でし》たちに大願《だいがん》を呼《よ》びかけられる

願《ねがわ》くは我が弟子等・大願ををこせ、去年《こぞ》去年《おとし》のやく《疫》びやう《病》に死《し》にし人人の・かずにも入らず、又当時・蒙古《もうこ》のせめ《攻》に・まぬかる《免》べしともみへず、とにかくに死は一定《いちじょう》なり、其《そ》の時のなげき《歎》は・たうじ《当時》のごとし、をなじくは・かりに《仮》も法華経のゆへに命《いのち》をすてよ、つゆ《露》を大海にあつらへ・ちり《塵》を大地にうづむ《埋》とをもへ

熱原《あつはら》の障魔《しょうま》の嵐《あらし》と戦《たたか》っていた時光《ときみつ》には、苦闘《くとう》の日々が続いていました。その時光に、日蓮大聖人はあえて「大願ををこせ」と激励《げきれい》をされています。

〝広宣流布のため〟〝成仏《じょうぶつ》のため〟という大願に立ったとき、その大きな一念《いちねん》に一切《いっさい》の

悩《なや》みは包《つつ》まれ、すべてが無限《むげん》に開かれていくことを教《おし》えられています。広宣流布のために働《はたら》くことによって、大功徳《だいくどく》を受け、また、自身の宿命《しゅくめい》をも使命《しめい》へと変《か》えていくことができるのです。

日蓮大聖人の仏法は「大願《だいがん》」の宗教です。大聖人御自身が、「大願を立てん」（御書二三二ジペー）との崇高《すうこう》な御決意《ごけつい》で生涯《しょうがい》、戦《たたか》い抜《ぬ》かれました。

大聖人は、若き青年リーダーである時光《ときみつ》に、今後も続くであろうさまざまな試練《しれん》をなんとしても乗《の》り越《こ》えさせたい、大きな理想《りそう》に生きる人生の尊《とうと》さを教えたいとの思いで広宣流布に身《み》を堵《と》していくことの重要性《じゅうようせい》を教えられています。

すなわち大聖人は、未来を託《たく》す時光に「いずれにしても、死《し》は必《かなら》ず訪《おとず》れることなのです」と仰《おお》せられ、人生にとって死は避《さ》けられない以上、妙法という根本《こんぽん》の法則《ほうそく》にすべてをかけて生き抜《ぬ》いていきなさいと御指導されています。

露《つゆ》が大海に入り、塵《ちり》が大地と一体《いったい》となるような思いで、仏法のために自分の命《いのち》を奉《たてまつ》っていきなさいと仰せです。

そうすれば、露のようにはかないと思っている命も、塵のように取るに足《た》らないと思っているわが身《み》も、じつは、妙法の大海、大地と一体の存在《そんざい》になります。どんなに小さな自分だと思っていても、妙法に生き、自身が大宇宙《だいうちゅう》を貫《つらぬ》く法則《ほうそく》に合致《がっち》した時、永遠《えいえん》の幸福境涯《きょうがい》を得《え》ることができることを教《おし》えられています。

そうして、自分も他人もともに、永遠の幸福境涯を目指《めざ》して生き抜《ぬ》いていく。この生き方こそ、仏法です。

本抄で引用《いんよう》されている法華経の化城喩品《けじょうゆほん》第七でも、そうした、自他ともに幸福を実現していく生き方が示《しめ》されているのです。

妙法の功徳《くどく》は、自分の幸福のみならず、全人類《ぜんじんるい》の幸福、仏国土《ぶっこくど》という安穏《あんのん》で平和な国土の実現を、もたらしていきます。

つまり、妙法に生命を賭《と》して行動した「一人」の功徳は、すべての縁《えん》ある人々の成仏《じょうぶつ》すなわち功徳と幸福への力《ちから》となっていくのです。

経文《きょうもん》に「皆共《みなとも》に」とあるように、すべての人と共に幸《しあわ》せになろうとするのが指導者の心です。広宣流布に生きゆく人生は、友のために、社会のために、あえて悩《なや》みを背負《せお》っていく生き方ともいえます。その悩みゆく姿《すがた》それ自体《じたい》が、菩薩《ぼさつ》の姿であり、本来の仏《ほとけ》の心に通じていくのです。

私たちは、法のため、人のため、平和のために活躍《かつやく》しゆく喜びを胸《むね》に、不惜身命《ふしゃくしんみょう》の精神で師弟不二《していふに》の「大願《だいがん》」の道に生き抜《ぬ》いていきましょう。

現代語訳 御書とともに 1

2002年4月28日発 行
2010年3月10日第12刷

定価はカバーに
表示してあります

編者——創価学会女子部教学室

発行者——松 岡 資

発行所——聖教新聞社

〒160-8070 東京都新宿区信濃町18
電話 (03) 3353-6111(大代表)

印刷所——光村印刷株式会社

製本所——大口製本印刷株式会社

ISBN978-4-412-01190-8